Antonio Piccinardi

Original italienische Pasta

ANTONIO PICCINARDI

ORIGINAL ITALIENISCHE PASTA

BLV

Die Deutsche Bibliothek – CIP-Einheitsaufnahme

Original italienische Pasta / Antonio Piccinardi
[Fotos: Emilio Fabio Simion.
Zeichn.: Ezio Giglioli. Dt. Übers.: Helga Greiner]. –
3. Aufl. – München; Wien; Zürich: BLV, 1992
Einheitssacht.: Il gusto della pasta <dt.>
ISBN 3-405-13495-1
NE: Piccinardi, Antonio: Simion, Emilio Fabio; EST

Dritte Auflage

BLV Verlagsgesellschaft mbH
München Wien Zürich
8000 München 40

Fotos: Emilio Fabio Simion
Zeichnungen: Ezio Giglioli
Titelfoto: Pete A. Eising, München

Der Autor dankt Frau Laura Raffo für ihre Mitarbeit

Titel der italienischen Originalausgabe:
il Gusto della Pasta

Deutsche Übersetzung: Helga Greiner

Satz: Ludwig Auer GmbH, Donauwörth
Druck und Bindung: Mondadori, Verona

Printed in Italy · ISBN 3-405-13495-1

Zu den Rezepten

Die Rezepte sind für 4 Personen berechnet.
Bei der angegebenen Zubereitungszeit ist, wenn es das Rezept vorsieht, die Herstellungszeit des Nudelteiges, der Füllungen und der Saucen mitberechnet.
Die Nudeln werden bei den Zutaten immer zuerst genannt.
Eine Erklärung für die italienische Pasta-Bezeichnung ist auf Seite 8 zu finden.
Zutaten, hinter denen ein Sternchen steht, sind – neben anderen – im Glossar auf Seite 187 erklärt.

Abkürzungen

TL	Teelöffel
EL	Eßlöffel
g	Gramm
kg	Kilogramm
ml	Milliliter
cl	Zentiliter
l	Liter
QbA	Qualitätswein bestimmter Anbaugebiete

Zu den Weinempfehlungen

Die deutschen Weinempfehlungen wurden von Horst Scharfenberg erarbeitet. Die ausländischen Weinempfehlungen tragen die landeseigenen Namen.

Inhalt

Vorwort

». . . in einer Gegend die Schlaraffenland heiße, wo die Weinreben mit Würsten angebunden seien (. . .) wo ein Berg sei aus lauter Parmesankäse, und dort oben täten die Leute nichts andres als Maccheroni und Ravioli machen, die sie in Kapaunenbrühe kochten, und je mehr sich einer davon nehme, desto mehr habe er.«

(Giovanni Boccaccio, Das Dekameron)

Kein Nahrungsmittel ist so anpassungsfähig und vielseitig verwendbar wie die Pasta, Nudeln also. Man kann sie mit Fisch oder Krustentieren, mit Fleisch und auch mit Gemüse anrichten. Jedes Rezept läßt zahlreiche Varianten zu, der Phantasie sind keine Grenzen gesetzt.

Der Ursprung der Pasta verliert sich in der Vergangenheit. Man kannte sie bereits in der Antike sowohl im Orient als auch in Italien. Davon zeugen Fresken, die in einigen etruskischen Gräbern gefunden wurden. Apicius, der berühmte römische Feinschmecker, beschreibt im vierten Buch seines *De re coquinaria* (Über die Kochkunst) die »lagana« – Teigblätter, in denen sich unschwer unsere heutige Lasagne wiedererkennen läßt. Die Lasagne wird auch in einem Kodex des dreizehnten Jahrhunderts erwähnt, der in der Universitätsbibliothek von Bologna aufbewahrt wird. Damit dürfte wohl die weitverbreitete Meinung widerlegt sein, nach der Marco Polo die Nudeln von China nach Europa mitgebracht haben soll.

Das vorliegende Buch enthält hauptsächlich Rezepte aus dem Mittelmeerraum. Die benötigten Zutaten sind aber überall leicht erhältlich. Die Auswahl der Gerichte und die Art ihrer Zubereitung spiegeln traditionellen Ursprung wieder, auf Anregungen der modernen Gastronomie und küchentechnische Errungenschaften der letzten Jahre wird jedoch nicht verzichtet.

Das Buch schließt mit nützlichen Hinweisen im Umgang mit der Pasta: Grundregeln für das richtige Kochen und die Zubereitung des hausgemachten Teiges; Basisrezepte für einfache, aber auch phantasievollere Saucen, die wenig Zeitaufwand erfordern; die nötigen Küchengeräte; Abbildungen der verschiedenen Nudelsorten; ein kurzes, aber nützliches Glossar.

Und nun – frohes Lesen und vor allem guten Appetit!

Pasta von A–Z

Es werden alle in den Rezepten verwendeten Pasta beschrieben. Die mit einem F gekennzeichneten Pasta sind auf Seite 174, 175 oder 176 abgebildet.

Agnolotti Runde, halbrunde oder viereckige Teigtaschen, gefüllt mit Fleisch, Gemüse oder Käse.
Bigoli Etwa 4 mm dicke Spaghetti.
Bucatini Lange, glatte Röhrennudeln, etwas dicker als Spaghetti.
Cannelloni[F] Große Nudelröhren mit etwa 2 cm Durchmesser. Cannelloni rigati = gerillte Cannelloni.
Conchiglie[F] Zu Muscheln geformter Nudelteig. Conchieglie rigate = gerillte Muscheln.
Crespelle Sehr dünn ausgebackene Pfannkuchen von etwa 20 cm Durchmesser, die gefüllt und anschließend gefaltet oder gerollt werden.
Ditalini[F] Sehr kurze Röhrennudeln. Ditalini rigati = gerillte Röhrchen.
Farfalle[F] Zu Schmetterlingen geformte Nudeln. *Farfallini* = kleine Schmetterlinge.
Fazzoletti Quadratische, dünne Teigblätter, die nach dem Garen mit einer Füllung belegt und aufeinandergeschichtet werden.
Fettuccine Breite Bandnudeln.
Fusilli[F] Zu Spiralen, Korkenziehern geformte Nudeln, lang und kurz. *Fusilli bucati* = kleine Spiralen.
Garganelli Handgedrehte Röhrennudeln, gerillt (siehe Seite 186).
Gnocchetti sardi[F] Kleine Muschelnudeln.
Gnocchi Nocken; kleine, längliche Klöße/Knödel aus Mehl, Grieß, Quark oder aus Kartoffeln.
Lasagne[F] Rechteckige oder quadratische Teigplatten, Teigblätter, breiteste Bandnudelform mit glattem, gewelltem oder gezacktem Rand.
Lasagnette Knapp 2 cm breite Bandnudeln, meist mit gewelltem Rand, eine kleinere Version der Lasagne.
Maccheroncini[F] Kleine bzw. dünne Maccheroni.
Maccheroni[F] Röhrennudeln von unterschiedlicher Größe und Länge. Übergeordnet werden alle Arten von Nudeln als Maccheroni bezeichnet. Maccheroni rigati = gerillte Maccheroni.
Maltagliati[F] Dünne, kleine Teigstücke, unregelmäßig oder zu Dreiecken ausgeschnitten.
Orecchiette[F] Wie ein Ohr geformte Nudeln, »Öhrchen«.
Paglia e fieno Ein Nudelgericht aus schmalen gelben und grünen Bandnudeln, einer Sahnesauce und frisch geriebenem Parmesan.
Pansooti[F] Gefüllte, große viereckige Teigtaschen mit gezacktem Rand.
Pappardelle[F] Etwa 2,5 cm breite Nudelbänder, meist mit gewelltem Rand.
Penne[F] Kurze Hohlnudeln mit schräg abgeschnittenen Enden, »Federn«. Penne rigate = gerillte Federn. *Penette* = kurze Penne.
Pizzoccheri[F] Aus Buchweizenmehl hergestellte Nudeln. *Pizzoccheri della Valtelina* ist ein Nudelgericht, bestehend aus einer Nudelsorte, Kartoffeln und Kohl.
Ravioli[F] Viereckige oder halbrunde Teigtaschen, gefüllt mit Fleisch, Käse oder Kräutern, mit glattem oder gezacktem Rand.
Raviolo Große Ravioli.
Rigatoni[F] Kurze, gerillte Röhrennudeln mit etwa 1,2–1,5 cm Durchmesser.
Ruote[F] Wie ein Rad geformte Nudeln. *Ruotini* = kleine Räder.
Spaghetti[F] Dünne, lange, runde Nudeln. *Spaghettini* = besonders feine, dünne Spaghetti.
Stracci[F] Dünne, rechteckige Teigblätter, zwischen die nach dem Garen eine Füllung gelegt wird.
Tagliatelle[F] Schmale, etwa ½ cm breite Bandnudeln.
Tagliolini[F] Sehr schmale Bandnudeln.
Tortelli Gefüllte Teigtaschen, aus runden oder rechteckigen Teigblättern geformt.
Tortellini[F] Wie ein Nabel geformte Teigtaschen, gefüllt mit Fleisch, Wurst oder Käse.
Tortelloni[F] Große Tortellini.
Trenette Lange, schmale, aber flache Spaghetti.

Pasta mit Fleisch

Farfalle mit Hirschragout

Empfohlene Weine
Rheinhessischer Portugieser (Deutschland)
Santa Maddalena, Chianti (Italien)
Côtes de Provence rosé (Frankreich)
Kalifornischer Blanc de Noirs (USA)

Zubereitungszeit
1 Stunde und 30 Minuten
(plus 8 Stunden
zum Marinieren)

200 g Farfalle
300 g Hirschkeule
½ Zwiebel, ½ Möhre
1 kleine Selleriestange
1 Lorbeerblatt
2 Salbeiblättchen
250 ml Rotwein
30 g Butter, 3 EL Öl
Salz und schwarzer Pfeffer
½ rote Paprikaschote

1 Das Fleisch in 2 cm große Würfel schneiden. Zwiebel, Möhre und Selleriestange klein schneiden.
2 Fleisch, Gemüse, Lorbeerblatt und Salbei in eine Schüssel geben, den Wein darübergießen und 8 Stunden ruhen lassen.
3 Die Marinade durch ein Sieb gießen und auffangen. Fleisch und Gemüse in der Hälfte der Butter und 1 EL Öl 5 Minuten braten. Mit Salz und Pfeffer würzen.
4 Die Marinade angießen und bei mäßiger Hitze ca. 40 Minuten garen.
5 Paprikaschote in feine Streifen schneiden und in der restlichen Butter und Öl 10 Minuten braten. Mit Salz würzen und zu dem Fleisch geben.
6 Die Farfalle in Salzwasser »al dente« kochen, abgießen und zu dem Hirschragout geben. Gut durchmischen und auf vorgewärmten Tellern servieren.

Agnolotti mit Bratensauce

Empfohlene Weine
Schwäbischer Schillerwein (Deutschland)
Dolcetto di Diano d'Alba, Valpolicella (Italien)
Beaujolais (Frankreich)
Kalifornischer Blanc de Noirs (USA)

Zubereitungszeit
2 Stunden

600 g Agnolotti, hergestellt aus frischem Nudelteig (Seite 180)
Salz
6 EL Bratensauce

Für den Nudelteig
120 g Weizenmehl
120 g Hartweizengrieß
2 Eier
1 Eigelb
Salz

Für die Füllung
100 g Endivie
150 g Kalbsbraten
150 g Rinderschmorbraten
1 Ei
40 g geriebener Parmesan
4 EL Bratensauce
Salz
schwarzer Pfeffer
Muskatnuß

1 Endivie waschen und weich dünsten.
2 Kalbs- und Rinderbraten fein wiegen.
3 Die feingehackte Endivie, Fleisch, Ei, Parmesan und Bratensauce in eine Schüssel geben.
4 Alle Zutaten sehr sorgfältig miteinander mischen, mit einer Prise Salz und Pfeffer sowie etwas Muskatnuß abschmecken.
5 Aus dem Fleischteig kleine Bällchen formen und in gleichmäßigen Abständen auf eine Hälfte der vorbereiteten Teigplatte setzen (Seite 183). Mit der anderen Hälfte belegen und um die Füllungen herum mit den Fingern andrücken. Mit dem Teigrädchen kleine Quadrate ausschneiden.
6 Die Agnolotti in Salzwasser oder Fleischbrühe 3 Minuten kochen und abtropfen lassen.
7 In einer Schwenkpfanne die Bratensauce unter Rühren erhitzen.
8 Die heißen Agnolotti hineingeben, kurz ziehen lassen und servieren.

Safran-Spaghetti

Empfohlene Weine
Müller-Thurgau von der Nahe, halbtrocken (Deutschland)
Pinot Champenois dell'Oltrepò pavese, Greco di Tufo (Italien)
Pouilly Fumé (Frankreich)
Kalifornischer Chardonnay (USA)

Zubereitungszeit
20 Minuten

280 g Spaghetti
40 g Butter, Salz
*½ TL Safranfäden**
6 EL Sahne
1 EL Bratensaft (Jus)
40 g geriebener Parmesan
schwarzer Pfeffer

1 Die Spaghetti in 5 cm lange Stücke brechen.
2 In eine Kasserolle geben, die Hälfte der Butter, 2 Schöpfkellen kochendes Wasser und etwas Salz zufügen und bei niedriger Hitze garen. Dabei hin und wieder umrühren.
3 Gelegentlich den »Biß« der Spaghetti prüfen, erneut umrühren und eventuell etwas kochendes Wasser angießen.
4 Die Safranfäden in etwas lauwarmem Wasser auflösen und nach der Hälfte der Kochzeit zu den Spaghetti geben.
5 Kurz vor Ende der Kochzeit die Sahne, die restliche Butter, den Bratensaft und zuletzt den Parmesan dazugeben.
6 Alles sorgfältig vermischen, mit Pfeffer würzen und auf vorgewärmten Tellern servieren.

Penne mit Kalbsnieren

Empfohlene Weine
Badisch Rotgold (Deutschland)
Südtiroler Lagrein Kretzer, Valpolicella (Italien)
Rosé d'Anjou (Frankreich)
Kalifornischer Blanc de Noirs (USA)

Zubereitungszeit
50 Minuten

240 g Penne
200 g Kalbsnieren
50 g Butter
1 Knoblauchzehe, Salz
1 EL gehackte Petersilie
schwarzer Pfeffer

1 Die Nieren von Häuten und anhängendem Fett befreien, halbieren und 10 Minuten in kaltes Wasser legen. Unter fließendem Wasser waschen, abtrocknen und in kleine Stückchen schneiden.
2 Die Butter in einer großen Pfanne erhitzen, die zerdrückte Knoblauchzehe und die Nierenstückchen hineingeben, mit Salz würzen und bei mittlerer Hitze 6–7 Minuten braten.
3 Die Penne in Salzwasser »al dente« kochen und abgießen.
4 In die Pfanne geben, feingehackte Petersilie darüberstreuen und pfeffern. Bei starker Hitze nochmals durchmischen und servieren.

Fettuccine mit Schinken und Mascarpone

Empfohlene Weine
Pfälzer Riesling, trocken (Deutschland)
Soave, Frascati (Italien)
Bourgogne blanc (Frankreich)
Kalifornischer Pinot blanc (USA)

Zubereitungszeit
20 Minuten

300 g Fettuccine mit Ei
Salz
1 Scheibe gekochter Schinken (80 g)
*80 g Mascarpone**
schwarzer Pfeffer
30 g geriebener Parmesan

1 Die Fettuccine in reichlich Salzwasser »al dente« kochen und abgießen.
2 Den Schinken in streichholzgroße Streifchen schneiden und in 1 EL Mascarpone in einer Pfanne einige Minuten braten.
3 Den restlichen Mascarpone in eine gut vorgewärmte Suppenschüssel geben, frisch gemahlenen Pfeffer und geriebenen Parmesan unterrühren.
4 Die sehr heißen Fettuccine und den gebratenen Schinken hinzufügen, gut vermischen und servieren.

»Errötete« Tortellini

Empfohlene Weine
Kaiserstühler Ruländer, Kabinett, halbtrocken (Deutschland)
Rosato del Salento, Lambrusco di Sorbara (Italien)
Rosé de Loire (Frankreich)
Kalifornischer Johannisberg Riesling (USA)

Zubereitungszeit
2 Stunden

600 g Tortellini, hergestellt aus frischem Nudelteig (Seite 180)
300 g Dosentomaten
1 Rosmarinzweiglein
4 Basilikumblättchen
Salz
200 ml Sahne

Für den Nudelteig
120 g Weizenmehl
120 g Hartweizengrieß
2 Eier
1 Eigelb
Salz

Für die Füllung
100 g Schweinefleisch
60 g Truthahnbrust
20 g Butter, Salz
*60 g Mortadella**
60 g roher Schinken
1 Ei
100 g geriebener Parmesan
schwarzer Pfeffer
Muskatnuß

1 Schweinefleisch und Truthahnbrust in kleine Würfel schneiden. Die Butter in einer Pfanne zerlassen und das Fleisch etwa 15 Minuten braten. Mit Salz würzen.
2 Das ausgekühlte Fleisch, Mortadella und Schinken zusammen mit einem Wiegemesser zerkleinern.
3 In eine Schüssel geben, das verquirlte Ei und den Parmesan zufügen. Mit Salz, Pfeffer und Muskat abschmecken und alles zu einem homogenen Teig verarbeiten.
4 Je nach Geduld und Geschicklichkeit die vorbereitete Teigplatte in 4 oder 5 cm große Quadrate schneiden.
5 Eine kleine Portion Fleischfüllung auf jedes Teigquadrat setzen, zu einem Dreieck falten und die Ränder zusammendrücken.
6 Die beiden spitzen Enden übereinanderlegen und fest zusammendrücken, das obere Ende nach unten klappen.
7 Die Tortellini in reichlich Salzwasser oder Brühe ca. 4 Minuten kochen und abtropfen lassen.
8 Das Tomatenmousse zubereiten: Die entkernten Tomaten im Mixer pürieren, Rosmarin, Basilikum und eine Prise Salz hineingeben. Das Ganze etwa 8 Minuten kochen. Anschließend Rosmarin und Basilikumblättchen entfernen, die Sahne hineingießen und etwas eindicken lassen. Die Tortellini dazugeben, 1 Minute ziehen lassen und servieren.

1

2

3

4

5

6

7

8

Maccheroni mit Ochsenschwanz und Paprika

Empfohlene Weine
Württemberger Trollinger (Deutschland)
Kalterersee, Chianti (Italien)
Rosé de Loire (Frankreich)
Kalifornischer Sauvignon blanc (USA)

Zubereitungszeit
3 Stunden

240 g Maccheroni
400 g Ochsenschwanz
Salz
1 große gelbe Paprikaschote
½ rote Paprikaschote
4 EL Öl
2 EL Zwiebeln, in feine Streifen geschnitten
3 EL frische Tomatensauce (Seite 178)
2 EL geriebener Parmesan
schwarzer Pfeffer

1 Den Ochsenschwanz in wenig Salzwasser zugedeckt bei mittlerer Hitze ca. 2 Stunden weich garen. Das Fleisch herausnehmen und auskühlen lassen.
2 Beide Paprikaschoten in 4 cm große Würfel schneiden. Das Öl in einer Pfanne erhitzen, Paprika und Zwiebeln hineingeben, mit Salz würzen und ca. 4 Minuten braten. Dann die Tomatensauce zufügen und kurz weitergaren. Das Gemüse soll bißfest bleiben.
3 Das Fleisch von den Knochen lösen und mit den Händen in mundgerechte Stücke zerpflücken.
4 Das Fleisch zu dem Gemüse geben, etwas vom Ochsenschwanzsud angießen und ca. 6 Minuten bei schwacher Hitze garen.
5 Die Maccheroni in reichlich Salzwasser »al dente« kochen und abgießen.
6 Die Maccheroni zu dem Fleisch in die Pfanne geben, mit Parmesan und frisch gemahlenem Pfeffer bestreuen. Alles gut miteinander vermischen und servieren.

Gnocchetti sardi mit Wurstragout

Empfohlene Weine
Rheinhessischer Riesling, QbA, trocken (Deutschland)
Torbato, Corvo di Salaparuta (Italien)
Batard Montrachet (Frankreich)
Kalifornischer Gewürztraminer (USA)

Zubereitungszeit
40 Minuten

240 g Gnocchetti sardi
160 g Schweinsbratwurst
2 EL Öl, ½ Zwiebel
1 Knoblauchzehe
2 Basilikumblättchen
300 g reife Tomaten
Salz und schwarzer Pfeffer
1 EL gehacktes Fenchelkraut
*40 g Pecorino sardo**

1 Die kleingeschnittene Wurst mit dem Öl, der gehackten Zwiebel, der Knoblauchzehe und dem Basilikum in einen Topf geben.
2 Das Ganze einige Minuten braten. Dann die enthäuteten, von Kernen befreiten und zerkleinerten Tomaten hineingeben. Mit Salz und Pfeffer würzen und 15 Minuten schmoren lassen. Knoblauchzehe und Basilikumblättchen entfernen und das gehackte Fenchelkraut hineinstreuen.
3 Die Gnocchetti in reichlich Salzwasser »al dente« kochen, abgießen und gut abtropfen lassen.
4 Mit dem Wurstragout gut vermischen und mit dem Pecorino bestreuen.

Maltagliati mit Entenragout

Empfohlene Weine
Spätburgunder aus Nordbaden, Kabinett, halbtrocken (Deutschland)
Santa Maddalena, Bardolino Chiaretto (Italien)
Beaujolais (Frankreich)
Kalifornischer Pinot noir (USA)

Zubereitungszeit
2 Stunden

300 g Maltagliati, hergestellt aus frischem Nudelteig (Seite 180)
1 junge Ente
3 Möhren
1 Zwiebel
1 Selleriestange
1 EL Petersilie
400 ml Rotwein
Salz und Pfeffer
100 g Zucchini
1 EL Öl
50 g Butter
16 schwarze, entsteinte Oliven

Für den Nudelteig
120 g Weizenmehl
120 g Hartweizengrieß
2 Eier
1 Eigelb
Salz

1 Die angegebenen Zutaten für den Nudelteig eventuell mit etwas Wasser zu einem elastischen Teig verkneten. Nicht zu dünn ausrollen und mit einem Messer in kleine Dreiecke schneiden.

2 Die Ente säubern, abflämmen, gründlich waschen und entbeinen. Die Karkasse, Leber und das Brustfleisch beiseite stellen.

3 Die Karkasse klein hakken. Eine Möhre mit der Zwiebel, dem Sellerie und der Petersilie zusammen fein wiegen. Alles in einen Topf geben, den Wein angießen und ca. 15 Minuten köcheln lassen.

4 Die Brühe durchseihen und mit Salz und Pfeffer abschmecken. Die rohe, pürierte Leber hineingeben und einige Minuten köcheln lassen.

5 Die Zucchini und die zwei restlichen Möhren in streichholzgroße Stifte schneiden und einige Minuten in Salzwasser kochen.

6 Die Entenbrust kurz im Öl anbraten, das Fleisch sollte etwas blutig bleiben. Mit Salz und Pfeffer würzen.

7 Das Fleisch auskühlen lassen, anschließend in dünne Scheiben schneiden.

8 Sauce, Butter, Gemüse, Entenbrust und die zerkleinerten Oliven in eine Pfanne geben. Die »al dente« gekochten und abgetropften Maltagliati zufügen und alles gut miteinander vermischen. Mit Salz und Pfeffer abschmecken und heiß servieren.

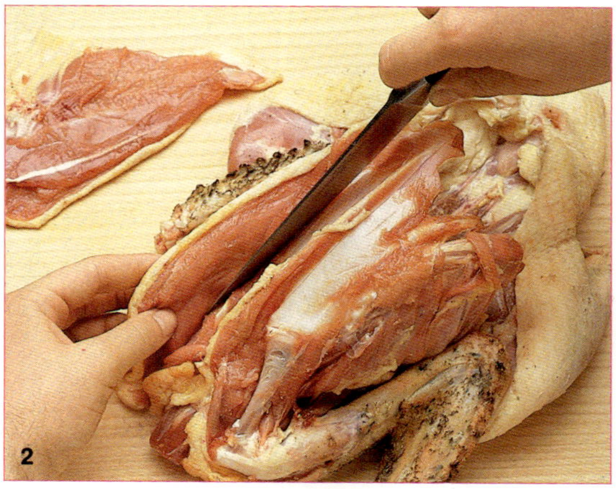

Maccheroni mit Fleischsauce

Empfohlene Weine
Junger Spätburgunder von der Ahr, trocken (Deutschland)
Bardolino Chiaretto, Valpolicella (Italien)
Côtes de Rhône rosé (Frankreich)
Kalifornischer Gewürztraminer (USA)

Zubereitungszeit
2 Stunden

240 g Maccheroni
40 g Butter
250 g Rinderhackfleisch
60 g rohe Schweinsbratwurst
1 Lorbeerblatt
1 Gewürznelke
½ Zwiebel, Salz
200 g Dosentomaten
4 EL geriebener Parmesan
schwarzer Pfeffer

1 In einer kleinen Kasserolle die Hälfte der Butter zerlassen. Das Hackfleisch, die zerkleinerte Wurst, das Lorbeerblatt und die mit der Gewürznelke gespickte Zwiebelhälfte dazugeben und 20 Minuten braten.
2 Salzen, die zerkleinerten Tomaten hinzufügen und ca. 1 Stunde leise köcheln lassen. Falls nötig, etwas Brühe oder in lauwarmem Wasser gelösten Fleischextrakt angießen. Am Ende der Garzeit die Zwiebel und das Lorbeerblatt entfernen.
3 Die Maccheroni in reichlich Salzwasser »al dente« kochen und abseihen.
4 Die Maccheroni mit der restlichen Butter in eine vorgewärmte Schüssel geben. Das Fleisch, Parmesan und eine Prise Pfeffer dazugeben, alles gut vermischen und servieren.

Agnolotti mit Wildfüllung

Empfohlene Weine
Schwarzriesling aus Nordbaden, QbA, trocken (Deutschland)
Valpolicella, Dolcetto di Diano d'Alba (Italien)
Rosé de Loire (Frankreich)
Kalifornischer Blanc de Noirs (USA)

Zubereitungszeit
2 Stunden

600 g Agnolotti, hergestellt aus frischem Nudelteig (Seite 180)
Salz
1 EL geriebener Parmesan
40 g Butter
4 Salbeiblättchen

Für den Nudelteig
120 g Weizenmehl
120 g Hartweizengrieß
2 Eier
1 Eigelb
Salz

Für die Füllung
200 g Kopfsalat
Salz
30 g Butter
½ Knoblauchzehe
1 EL gehackte Zwiebeln
1 EL Öl
300 g gemischtes Wildfleisch (Fasan, Hase, Ente oder Rebhuhn)
150 ml Weißwein
2 EL geriebener Parmesan
1 Ei
Muskatnuß, Pfeffer

1 Den Kopfsalat waschen, in Salzwasser blanchieren.
2 Butter, Knoblauch, Zwiebeln und den kleingeschnittenen Kopfsalat in einen Topf geben und bei mittlerer Hitze 5 Minuten garen.
3 In einem anderen Topf das Öl erhitzen. Das in kleine Stücke geschnittene Fleisch hineingeben, salzen und 20 Minuten braten. Dabei nach und nach den Wein angießen. Anschließend das Fleisch fein wiegen. Mit dem Kopfsalat, einem mit Parmesan verquirlten Ei, jeweils einer Prise Muskatnuß, Salz und Pfeffer in einer Schüssel gut vermischen. Kleine Portionen formen und in regelmäßigen Abständen auf der Hälfte des ausgerollten Teiges verteilen (Seite 183).
4 Die andere Teighälfte darüberlegen und mit den Fingerkuppen um die Fleischhäufchen gut andrücken. Mit dem Teigrädchen kleine Quadrate ausschneiden.
5 In reichlich Salzwasser 3 Minuten kochen und gut abtropfen lassen. Mit Parmesan bestreuen und mit zerlassener, mit Salbei aromatisierter Butter beträufeln.

Pappardelle mit Wachteln und Trüffeln

<u>Empfohlene Weine</u>
Pfälzer Spätburgunder Weißherbst, QbA (Deutschland)
Kalterersee, Dolcetto di Diano d'Alba (Italien)
Côtes de Rhône rosé (Frankreich)
Kalifornischer Gewürztraminer (USA)

<u>Zubereitungszeit</u>
1 Stunde und 40 Minuten

300 g Pappardelle, hergestellt aus frischem Nudelteig (Seite 180)
2 Wachteln
2 Rosmarinzweiglein
2 Scheiben Bauchspeck
1 EL Öl
40 g Butter
Salz und schwarzer Pfeffer
2 Wacholderbeeren
30 g Zwiebeln
½ Selleriestange
150 ml Weißwein
40 g weiße Trüffeln

<u>Für den Nudelteig</u>
120 g Weizenmehl
120 g Hartweizengrieß
2 Eier
1 Eigelb
Salz

1 Aus Mehl, Grieß, Eiern, Eigelb und einer Prise Salz den Teig zubereiten. Einrollen und in 15 mm breite Streifen schneiden. Mindestens 6 Stunden trocknen lassen.

2 Die Wachteln ausnehmen, abflämmen, waschen und trockentupfen.

3 Die Rosmarinzweiglein in die Speckscheiben einwickeln und die Wachteln damit füllen.

4 In einer kleinen Kasserolle Öl und Butter erhitzen und die Wachteln darin von allen Seiten einige Minuten braten. Salzen und pfeffern.

5 Wacholderbeeren, Zwiebeln und den kleingeschnittenen Sellerie dazugeben und den Weißwein angießen. Nach und nach etwas heißes Wasser oder, sofern vorhanden, heiße Brühe angießen.

6 Die Wachteln sorgfältig von den Knochen befreien, sobald sie gar sind. Das Fleisch mit den Fingern in kleine Stücke teilen und warm stellen.

7 Mit einem großen Messer die Karkasse zerkleinern und zu dem Bratenfond in die Kasserolle geben. 4 EL heißes Wasser dazugießen und 10 Minuten kochen. Anschließend durch ein feines Sieb filtern.

8 Die Pappardelle in kochendem Salzwasser 4 Minuten garen, abtropfen lassen und mit dem Fleisch und der Sauce in einem Topf gut vermischen. Die Pappardelle auf Teller verteilen und hauchdünn gehobelte Trüffelscheibchen darüberstreuen.

1

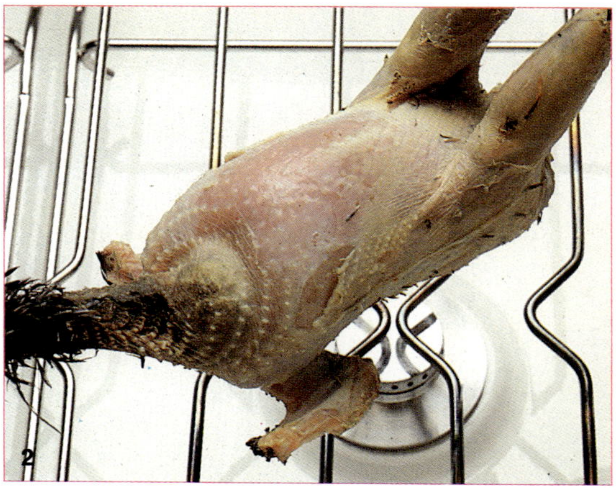
2

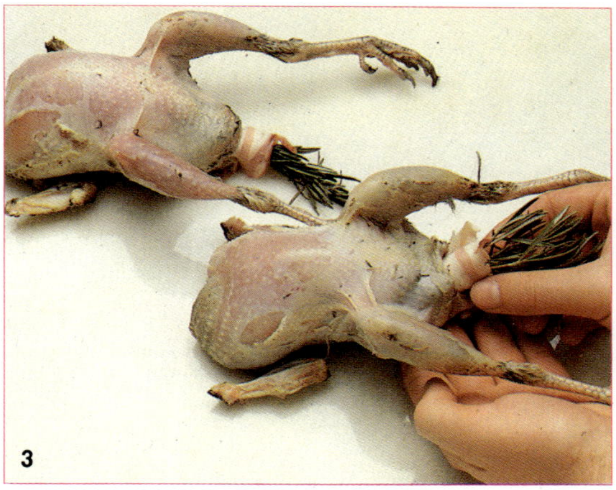
3

4

5

6

7

8

»Scharlachrote« Penne

Empfohlene Weine
Fränkischer Silvaner, trocken (Deutschland)
Pinot bianco del Collio, Pinot Champenois di Franciacorta (Italien)
Pouligny Montrachet (Frankreich)
Kalifornischer Chenin blanc (USA)

Zubereitungszeit
30 Minuten

280 g Penne, Salz
100 g Pökelzunge
60 g Butter
5 EL Bratensaft (Jus)
4 EL Béchamelsauce (Seite 32)
2 EL geriebener Parmesan
Pfeffer

1 Die Pökelzunge in 3 cm lange und 3 mm breite Streifchen schneiden und warm stellen.
2 Butter, Bratensaft, Béchamelsauce und Parmesan in eine große Kasserolle geben. Im Wasserbad erwärmen und mit einem Schneebesen zu einer cremigen Sauce schlagen.
3 Die Penne in Salzwasser »al dente« kochen, abseihen.
4 Die Penne in die Kasserolle geben, mit Pfeffer würzen und 1 Minute auf der heißen Kochplatte ziehen lassen.
5 Die Penne auf vorgewärmte Teller verteilen, die Zungenstreifchen darüberstreuen und sofort servieren.

Spaghetti carbonara

Empfohlene Weine
Spätburgunder Weißherbst vom Bodensee (Deutschland)
Rosato del Salento, Bardolino Chiaretto (Italien)
Rosé d'Anjou (Frankreich)
Kalifornischer Chardonnay (USA)

Zubereitungszeit
30 Minuten

280 g Spaghetti
80 g durchwachsener Speck
1 EL Öl
1 Knoblauchzehe
Salz, 2 Eier
schwarzer Pfeffer
*2 EL geriebener Pecorino**
2 EL geriebener Parmesan

1 Den Speck in 6 mm große Würfel schneiden.
2 Das Öl in einem kleinen Topf erhitzen, den Speck und die zerdrückte Knoblauchzehe 3 Minuten darin braten. Danach den Knoblauch entfernen.
3 Die Spaghetti in Salzwasser »al dente« kochen und abgießen.
4 In einer vorgewärmten Suppenschüssel Eier, Salz, Pfeffer und die beiden Käsesorten gut miteinander vermischen.
5 Die Spaghetti in die Suppenschüssel geben.
6 Den gebratenen Speck mit dem Bratenfond dazugeben, alles gut vermischen und servieren.

Ravioli mit Entenfüllung in Paprikacreme

Empfohlene Weine
Rheinhessischer Silvaner Spätlese, halbtrocken (Deutschland)
Sauvignon del Collio, Terlaner aus Südtirol (Italien)
Batard Montrachet (Frankreich)
Kalifornischer Johannisberg Riesling (USA)

Zubereitungszeit
1 Stunde

600 g Ravioli, hergestellt aus frischem Nudelteig
(Seite 180)
3 EL Sahne
80 g Butter
3 EL Paprikacreme
(Seite 178)
Salz

Für den Nudelteig
200 g Weizenmehl
2 Eier
Salz

Für die Füllung
300 g Entenbrust mit Haut
40 g Spinat
2 EL Weißbrotkrume
150 ml Milch
2 Schalotten
25 g Champignons
10 g Butter
20 g gehacktes Rindermark
2 EL gehackte Petersilie
40 g Sahne
Salz und Pfeffer

1 Das Entenfleisch fein wiegen.
2 Den Spinat weich kochen, abtropfen lassen, mit den Fingern gut ausdrücken und fein wiegen.
3 Weißbrotkrume in Milch einweichen, mit den Fingern gut ausdrücken und zu dem Spinat geben.
4 Eine Schalotte und die Pilze klein schneiden, in der Butter anbraten. Das Entenfleisch hinzufügen und unter ständigem Rühren 5–6 Minuten weiterbraten.
5 Die Pfanne vom Herd nehmen, Spinat, Rindermark, Petersilie und Sahne hineingeben. Gut verrühren, mit Salz und Pfeffer würzen und weitere 3–4 Minuten garen.
6 Die Füllung zu kleinen Häufchen formen, auf einer Hälfte der Teigplatte verteilen und die andere Teighälfte darüberlegen (Seite 183). Den Teig mit den Fingern rund um die Fleischhäufchen gut andrücken. Mit dem Teigrädchen kleine Quadrate ausschneiden.
7 Sahne in eine Pfanne gießen, Butter dazugeben und leicht eindicken lassen. Unter Rühren schaumig schlagen.
8 Die Paprikacreme hineingeben und gut mischen. Die 5 Minuten in Salzwasser gekochten Ravioli dazugeben, durchmischen und servieren.

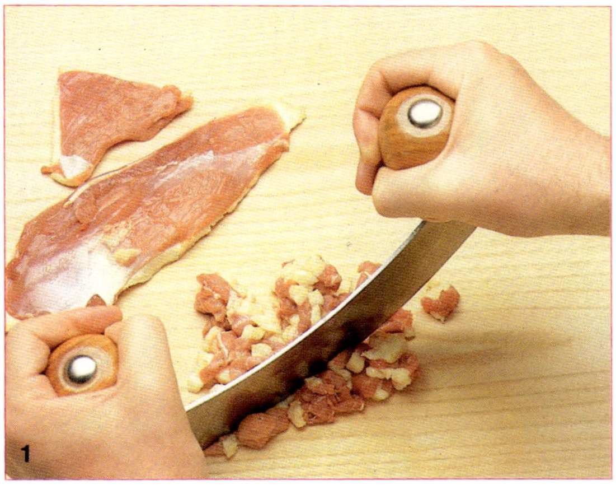
1

2

3

4

5

6

7

8

Maccheroni mit Artischocken

Empfohlene Weine
Muskat-Trollinger aus Württemberg (Deutschland)
Südtiroler Lagrein Kretzer, Grignolino del Monferrato casalese (Italien)
Beaujolais (Frankreich)
Kalifornischer Blanc de Noirs (USA)

Zubereitungszeit
1 Stunde

240 g Maccheroni
3 Artischocken
1 Zitrone, 4 EL Öl
2 EL gehackte Zwiebeln
Salz
120 g rohe Schweinsbratwurst
½ rote Pfefferschote
4 EL Weißwein
2 EL geriebener Parmesan
schwarzer Pfeffer

1 Von den Artischocken die harten Außenblätter entfernen, das obere Drittel der Blätter abschneiden.
2 Die Artischocken halbieren, das Heu entfernen. Die beiden Hälften der Länge nach klein schneiden und sofort in mit Zitronensaft gesäuertes Wasser legen.
3 In einer Pfanne das Öl erhitzen und die Zwiebeln anbraten. Nach 2 Minuten die trockengetupften Artischokken hineingeben. Salzen und 5 Minuten braten.
4 Die Wurst enthäuten, klein schneiden und zu den Artischocken geben. Die Pfefferschote sehr fein wiegen und hinzufügen.
5 Mit dem Weißwein beträufeln und weitere 5 Minuten unter ständigem Rühren braten. Einige EL kochendheißes Wasser angießen und gut mischen.
6 Die Maccheroni in Salzwasser »al dente« kochen und abgießen.
7 In die Pfanne geben, mit dem Parmesan bestreuen, pfeffern. Hitze hochschalten und 1 Minute kräftig rühren. Anschließend in sehr heißen Tellern servieren.

Ravioli, mit Perlhuhn und Trüffeln gefüllt

Empfohlene Weine
Lemberger Kabinett, trocken (Deutschland)
Südtiroler Lagrein Kretzer, Grignolino del Monferrato casalese (Italien)
Côtes de Provence rosé (Frankreich)
Kalifornischer Blanc de Noirs (USA)

Zubereitungszeit
1 Stunde und 40 Minuten

600 g Ravioli, hergestellt aus frischem Nudelteig (Seite 180)
Salz
20 g weiße Trüffelpaste

Für den Nudelteig
120 g Weizenmehl
120 g Hartweizengrieß
2 Eier
1 Eigelb
Salz

Für die Füllung
60 g Butter
½ Perlhuhn
Salz und schwarzer Pfeffer
100 ml Weißwein
2 EL in Milch eingeweichte Weißbrotkrume
je 1 EL gehackte Petersilie, Majoran und Schnittlauch
2 EL geriebener Parmesan

1 In einer Kasserolle 40 g Butter zerlassen. Das halbierte Perlhuhn anbraten, mit Salz und Pfeffer würzen und mit dem Weißwein beträufeln. 40 Minuten garen, das Fleisch auskühlen lassen und entbeinen.
2 Das Fleisch fein wiegen, in einer Schüssel mit dem eingeweichten Brot, 20 g flüssiger Butter, den gehackten Kräutern, Parmesan und einer Prise Pfeffer zu einem Teig vermengen.
3 Die Fleischfüllung in kleinen Häufchen auf der Hälfte des ausgerollten Teiges verteilen, mit der anderen Hälfte bedecken (Seite 183). Den Teig rund um die Füllung mit den Fingern andrücken und mit dem Teigrädchen kleine Quadrate ausschneiden.
4 Die Ravioli in reichlich Salzwasser 5 Minuten kochen und abtropfen lassen.
5 Den Bratenfond des Perlhuhns durch ein feines Sieb filtern und in einem Topf erhitzen. Die Trüffelpaste hineingeben und bei sehr niedriger Hitze kräftig rühren. Die Ravioli hineingeben, kurz ziehen lassen und auf vorgewärmten Tellern servieren.

Grüne Lasagne

Empfohlene Weine
Badischer Traminer, QbA, trocken (Deutschland)
Lambrusco di Sorbara, Bardolino Chiaretto (Italien)
Côtes de Provence rosé (Frankreich)
Kalifornischer Gewürztraminer (USA)

Zubereitungszeit
1 Stunde und 20 Minuten

250 g grüne Lasagneblätter, hergestellt aus frischem Nudelteig (Seite 180)
1 EL Öl
60 g geriebener Parmesan
40 g Butterflöckchen

Für die Fleischsauce
30 g Bauchspeck
½ Möhre
½ Selleriestange
40 g Butter
1 EL gehackte Zwiebeln
80 g Schweinefleisch
80 g Rindfleisch
40 g roher Schinken
1 EL Tomatensauce
Salz
60 g Hühnerleber
2 EL Sahne
schwarzer Pfeffer

Für den Nudelteig
120 g Weizenmehl
120 g Hartweizengrieß
2 Eier
1 Eigelb
Salz
200 g gekochter Spinat

Für die Béchamelsauce
40 g Butter
40 g Weizenmehl
½ l Milch
Salz und Pfeffer

1 Bauchspeck, Möhre und Selleriestange in kleinste Würfel hacken.
2 In der Butter anbraten, dann die Zwiebeln hinzufügen. Fleisch und Schinken durch den Fleischwolf drehen und ebenfalls hinein geben.
3 Das Ganze 3 Minuten braten, dann die mit einer halben Schöpfkelle warmem Wasser verrührte Tomatensauce angießen. Salzen und bei niedriger Hitze 40 Minuten garen.
4 Aus Mehl, Eiern, Eigelb, einer Prise Salz und dem sehr fein gehackten Spinat den Nudelteig bereiten und Teigblätter ausschneiden.
5 In reichlich Salzwasser kochen, dem Wasser 1 EL Öl beifügen, damit die Teigblätter nicht aneinanderkleben. Am Schluß etwas kaltes Wasser in das sprudelnde Kochwasser gießen, die Teigblätter herausnehmen und auf einem Küchentuch trocknen lassen.
6 Béchamelsauce zubereiten: Die Butter zerlassen, das Mehl unter Rühren 3 Minuten anschwitzen. Die kochendheiße Milch hineingießen und 15 Minuten kräftig weiterrühren. Am Schluß mit Salz und Pfeffer würzen, die Sauce sollte eher dickflüssig sein.
7 Die Hühnerleber klein schneiden, in die Fleischsauce geben und 3 Minuten mitgaren. Die Sahne hineingießen und 4 Minuten ziehen lassen. Mit Salz und etwas schwarzem Pfeffer abschmecken.
8 Eine ofenfeste Form ausbuttern, mit einer Schicht Teigblätter auslegen. Mit Parmesan bestreuen und mit Fleischsauce und Béchamelsauce bestreichen. Auf diese Weise verfahren, bis die Zutaten aufgebraucht sind. Zuletzt mit Teigblättern abdekken und mit einer Schicht Béchamelsauce überziehen. Parmesan darüberstreuen und mit Butterflöckchen belegen. Im vorgeheizten Backofen bei 180° C ca. 20 Minuten backen.

1

2

3

4

5

6

7

8

Tagliolini mit Hühnerleber

Empfohlene Weine
Pfälzer Ruländer, QbA, trocken (Deutschland)
Pinot grigio aus Südtirol,
Tocai del Collio (Italien)
Bordeaux blanc (Frankreich)
Kalifornischer Pinot blanc (USA)

Zubereitungszeit
30 Minuten

280 g Tagliolini mit Ei
160 g Hühnerleber
260 g Dosentomaten
1 Rosmarinzweiglein
Salz, 1 Prise Zucker
1 EL Öl, 40 g Butter
2 Salbeiblättchen
Pfeffer

1 Die Hühnerleber von Fett und Häutchen befreien.
2 In 1 cm große Würfel schneiden und 1 Minute unter fließendes, kaltes Wasser stellen. Sorgfältig trockentupfen.
3 Die Tomaten pürieren und mit dem Rosmarinzweiglein, Salz, der Prise Zucker und dem Öl in einem kleinen Topf 7 Minuten garen.
4 Die Butter in einer weiten Pfanne erhitzen, die Salbeiblättchen und die Hühnerleber hineingeben. Nur vorsichtig salzen und 2–3 Minuten braten.
5 Die Tagliolini in Salzwasser »al dente« kochen und abgießen.
6 Die heiße Tomatensauce zur Leber in die Pfanne geben, Rosmarinzweiglein entfernen.
7 Hitze hochschalten, die Tagliolini hineingeben, mit Salz und Pfeffer würzen und alles gut mischen.

Pappardelle mit Hasenragout

Empfohlene Weine
Frühburgunder aus Rheinhessen, halbtrocken (Deutschland)
Chianti, Dolcetto di Diano d'Alba (Italien)
Beaujolais (Frankreich)
Kalifornischer Pinot noir (USA)

Zubereitungszeit
2 Stunden

300 g Pappardelle, hergestellt aus frischem Nudelteig (Seite 180)
1 kleiner Hase
Hasenblut
1 Zwiebel
1 Möhre
1 Selleriestange
4 EL Öl
1 EL Petersilie
Salz
schwarzer Pfeffer
250 ml Rotwein
150 ml Milch
4 EL geriebener Parmesan

Für den Nudelteig
120 g Weizenmehl
120 g Hartweizengrieß
2 Eier, 1 Eigelb, Salz

1 Den Hasen säubern, Kopf, Brust- und Halsstücke sowie Herz und Leber beiseite stellen (nur diese Teile des Tieres und das Blut werden verwendet).
2 Zwiebel, Möhre und Sellerie fein hacken und mit dem Öl und gehackter Petersilie in einen Topf geben. Die Hasenteile dazugeben, mit Salz und Pfeffer würzen. Bei starker Hitze einige Minuten braten. Mit dem Wein beträufeln und verdampfen lassen. Das Blut mit etwas Wasser verdünnen und angießen. Nach einigen Minuten die Milch hineingießen, 30 Minuten bei mäßiger Hitze schmoren lassen. Danach das Fleisch entbeinen. Herz und Leber in kleine Stücke schneiden.
3 Den Bratenfond durch ein Sieb seihen und mit dem entbeinten Fleisch in eine Kasserolle geben. Aufkochen lassen und die kleingeschnittenen Innereien hineingeben. Einige Minuten kochen lassen.
4 Die Pappardelle in reichlich Salzwasser 4 Minuten kochen und abgießen. Mit dem heißen Hasenragout vermischen und Parmesan darüberstreuen.

Dies ist ein Spezialrezept für Jäger, denn es sollte ein frisch geschossener Hase verwendet und beim Ausnehmen das frische Blut aufgefangen werden. Während der Jagdsaison kann man das Hasenblut aber auch beim Metzger vorbestellen. Alternativ läßt sich Rinderblut verwenden. Oder: Keinen ganzen Hasen nehmen, sondern gleich Hasenklein und Hasenblut beim Metzger bestellen.

Bucatini mit Speck und Tomaten

<u>Empfohlene Weine</u>
Badischer Müller-Thurgau, Kabinett (Deutschland)
Frascati, Torgiano bianco (Italien)
Bordeaux blanc (Frankreich)
Kalifornischer Pinot blanc (USA)

1

2

3

4

5

6

<u>Zubereitungszeit</u>
30 Minuten

300 g Bucatini
100 g gut abgehangener Bauchspeck
250 g reife Tomaten
½ Knoblauchzehe
2 EL Öl
Salz
2 Basilikumblättchen
½ rote Pfefferschote
*2 EL geriebener Pecorino**
2 EL geriebener Parmesan

1 Den Bauchspeck von der Schwarte trennen und in 3 cm lange und 4 mm dicke Streifen schneiden.
2 Die Tomaten enthäuten, von den Kernen befreien und in kleine Stücke schneiden. Mit der Knoblauchzehe in einer Pfanne in Öl andünsten, salzen und nach 10 Minuten die Basilikumblättchen hinzufügen.
3 Weitere 5 Minuten garen, danach durch ein Sieb passieren. Zuvor Knoblauch und Basilikum entfernen.
4 Den Bauchspeck mit der sehr fein gewiegten Pfefferschote bei mäßiger Hitze leicht anbraten.
5 Die Bucatini in reichlich Salzwasser »al dente« kochen und abgießen.
6 Die Bucatini in eine vorgewärmte Schüssel geben, den heißen, gebratenen Speck und die Tomatensauce dazugeben, mit Pecorino und Parmesan bestreuen und alles gut durchmischen. 3 Minuten zugedeckt ruhen lassen.

Sie erhalten eine ebenso schmackhafte Variante, wenn Sie die Tomatensauce einfach weglassen.

Ravioli aus Genua

Empfohlene Weine
Rheinpfälzer Silvaner, QbA, trocken (Deutschland)
Tocai del Collio, Torgiano bianco (Italien)
Bordeaux blanc (Frankreich)
Kalifornischer Chardonnay (USA)

Zubereitungszeit
2 Stunden und 30 Minuten

600 g Ravioli, hergestellt aus frischem Nudelteig (Seite 180)
Salz
6 El Bratensauce
2 EL Parmesan

Für den Nudelteig
250 g Weizenmehl
Wasser
Salz

Für die Füllung
200 g Endivie
200 g Borretsch
Salz
40 g Butter
150 g Kalbfleisch
80 g Kalbshirn
40 g Kalbsbries
1 EL Weißbrotkrume
2 Eier
1 TL Majoran
2 EL Parmesan
schwarzer Pfeffer

1 Endivie und Borretsch putzen, waschen und 6 Minuten in Salzwasser weich kochen.
2 Die Butter in einer Kasserolle erhitzen, das grob zerteilte Kalbfleisch anbraten und ca. 20 Minuten garen.
3 Hirn und Bries waschen. Anschließend in lauwarmem Wasser ca. 30 Minuten wässern, damit sich die Häutchen leicht ablösen lassen. Danach in reichlich Salzwasser ca. 15 Minuten blanchieren.
4 Um einen sehr weichen Teig zu erhalten, Kalbfleisch, Hirn, Bries, Endivie und Borretsch zweimal durch den Fleischwolf drehen.
5 Das Ganze in eine Schüssel geben, die im Fleischfond eingeweichte Brotkrume zufügen.
6 Mit einer Gabel die Eier mit dem feingehackten Majoran, Parmesan, Salz und Pfeffer verquirlen und zu dem Fleisch in die Schüssel geben. Alles gut vermischen.
7 Kleine Häufchen formen und im Abstand von 3 cm auf eine Hälfte der Teigplatte setzen (Seite 183). Mit der anderen Hälfte bedecken und mit den Fingern rund um die Füllungen andrücken. Mit dem Teigrädchen kleine Quadrate ausschneiden.
8 Die Ravioli in Salzwasser garen und abgießen. In einer Schüssel mit der Bratensauce mischen und mit Parmesan bestreuen.

Bucatini im Entenfond

Empfohlene Weine
Rheingauer Spätburgunder, Kabinett, trocken (Deutschland)
Bardolino Chiaretto, Rosato del Salento (Italien)
Rosé de Loire (Frankreich)
Kalifornischer Chenin blanc (USA)

Zubereitungszeit
2 Stunden

280 g Bucatini
1 junge Ente
1 Möhre
½ Zwiebel
1 Selleriestange
Salz
30 g Butter
2 EL Öl
4 Salbeiblättchen
schwarzer Pfeffer
40 g geriebener Parmesan

1 Die Ente ausnehmen, abflämmen und gründlich waschen. Leber und Magen aufbewahren.

2 Wasser in einen Topf geben. Möhre, Zwiebel, Sellerie, die Ente und eine Prise Salz hineingeben und kalt aufsetzen.

3 Das Wasser zum Kochen bringen und die Ente ca. 1 Stunde garen.

4 Die Brühe abgießen und die Bucatini darin 15 Minuten kochen.

5 In einer Schwenkpfanne Butter und Öl 4 Minuten erhitzen. Anschließend die zerkleinerten Innereien und die Salbeiblättchen hineingeben und 4 Minuten braten. Mit Salz und frisch gemahlenem Pfeffer würzen.

6 Die heißen, abgetropften Bucatini in eine gut vorgewärmte Schüssel füllen, Parmesan und Innereien hinzufügen.

7 Alles gut miteinander vermischen und in vorgewärmten Tellern anrichten. Getrennt dazu eine Pfeffersauce (Seite 178) reichen.

Es gibt eine Variante, die für dieses Gericht die Verwendung von »Bigoli« (Seite 184) vorsieht. Bigoli sind eine Art dicke Spaghetti aus frischem Nudelteig, der zu gleichen Teilen aus Weizenmehl und Hartweizengrieß besteht. Der Teig wird durch eine Nudelpresse oder den Fleischwolf gedrückt.

Tortellini mit Tomatencreme

Empfohlene Weine
Rheinhessische Scheurebe, Kabinett, trocken (Deutschland)
Pinot spumante dell'Oltrepò pavese, Vernaccia di San Gimignano (Italien)
Champagne Blanc de Blanc (Frankreich)
Kalifornischer Blanc de Noirs (USA)

Zubereitungszeit
2 Stunden und 30 Minuten

500 g Tortellini, hergestellt aus frischem Nudelteig (Seite 180)
300 g reife Tomaten
1 Rosmarinzweiglein
Salz
6 Basilikumblättchen
250 ml Sahne
20 g Butter

Für den Nudelteig
250 g Weizenmehl
3 Eier
Salz

Für die Füllung
100 g Schweinefleisch
50 g Truthahnbrust
20 g Butter
Salz
*50 g Mortadella**
50 g roher Schinken
1 Ei
100 g geriebener Parmesan
schwarzer Pfeffer
Muskatnuß

1 Die Tomaten schälen, von den Kernen befreien und in kleine Stücke schneiden. Gut ausdrücken, damit sie Wasser verlieren, und mit dem Rosmarinzweiglein in einen Topf geben. Salzen und 8 Minuten dünsten.
2 Die Tomaten pürieren oder durch ein Sieb passieren.
3 Wieder auf den Herd stellen, mit Salz abschmecken, die Basilikumblättchen hineingeben und weitere 3 Minuten garen.
4 Die Sahne in eine weite Pfanne gießen, die Butter und wenig Salz hinzufügen und einige Minuten bei schwacher Hitze eindicken lassen.
5 Die Tomatencreme in die Sahne geben, dabei die Basilikumblättchen entfernen. Gut mischen.
6 Die bereits vorbereiteten Tortellini (mit der Füllung zubereiten, wie auf Seite 16 beschrieben) in Salzwasser »al dente« kochen und abgießen. Zur Tomatencreme geben, unter ständigem Rühren fertiggaren und servieren.

Tortellini in Butter

Empfohlene Weine
Markgräfler Gutedel, QbA, trocken (Deutschland)
Pinot spumante di Franciacorta,
Torgiano bianco (Italien)
Graves blanc (Frankreich)
Kalifornischer Chenin blanc (USA)

Zubereitungszeit
1 Stunde und 20 Minuten

500 g Tortellini, hergestellt aus frischem Nudelteig (Seite 180)
Salz
2 EL Parmesan
80 g Butter
2 Salbeiblättchen

Für den Nudelteig
260 g Weizenmehl
3 Eier

Für die Füllung
100 g Schweinefleisch
50 g Truthahnbrust
20 g Butter, Salz
*50 g Mortadella**
50 g roher Schinken
1 Ei
100 g geriebener Parmesan
schwarzer Pfeffer
Muskatnuß

1 Die vorbereiteten Tortellini (mit der Füllung zubereiten, wie auf Seite 16/17 beschrieben) in Salzwasser »al dente« kochen, abgießen.
2 Gut abtropfen lassen und auf vorgewärmten Tellern anrichten.
3 Mit geriebenem Parmesan bestreuen.
4 Die Butter in einem kleinen Topf schmelzen, die Salbeiblättchen hineingeben. Vom Herd nehmen, sobald die Butter eine helle, nußbraune Farbe angenommen hat.
5 Die Tortellini mit der schaumigen Butter beträufeln und sofort servieren.

Pasta mit Gemüse

Tagliatelle mit Ei und weißen Trüffeln

Empfohlene Weine
Rheinhessischer Weißburgunder, Kabinett (Deutschland)
Tocai del Collio, Torgiano bianco (Italien)
Bordeaux blanc (Frankreich)
Kalifornischer Chardonnay (USA)

Zubereitungszeit
1 Stunde (plus 6 Stunden zum Trocknen des Teiges)

300 g Tagliatelle, hergestellt aus frischem Nudelteig (Seite 180)
Salz
80 g Butter
4 Eier
60 g weiße Trüffeln
40 g geriebener Parmesan

Für den Nudelteig
150 g Weizenmehl
150 g Hartweizengrieß
2 Eier, 1 Eigelb, Salz

1 Aus Mehl, Grieß, Eiern, Eigelb und einer Prise Salz den Nudelteig zubereiten und nicht zu dünn ausrollen. Den Teig zusammenrollen und in ca. 8 mm breite Tagliatelle schneiden (Seite 181). Die Nudeln so ausbreiten, damit sie nicht aneinanderkleben können, und mindestens 6 Stunden trocknen lassen.
2 Die Tagliatelle in Salzwasser »al dente« kochen und abgießen.
3 Die Hälfte der Butter in einer Pfanne zerlassen, die Eier hineingleiten lassen und salzen. Darauf achten, daß sie nicht zusammenbacken und das Eigelb nicht hart wird. Herausheben, das Eiweiß wegschneiden.
4 Die Tagliatelle auf Tellern anrichten und Parmesan darüberstreuen. Mit einem Pfannenwender die Eigelb daraufsetzen. Mit zerlassener Butter beträufeln und mit hauchdünn gehobelten Trüffeln garnieren.

Tagliolini mit Erbsen und Schinken

Empfohlene Weine
Riesling von der Mittelmosel, Kabinett (Deutschland)
Pinot bianco del Collio, Regaleali bianco (Italien)
Chablis (Frankreich)
Kalifornischer Fumé blanc (USA)

Zubereitungszeit
40 Minuten

280 g Tagliolini mit Ei
600 g frische Erbsen in der Schote
50 g Butter, Salz
100 g in dicke Scheiben geschnittener gekochter Schinken
3 Basilikumblättchen
3 Minzeblättchen
1 Bund Petersilie
1 El geriebener Parmesan
Pfeffer

1 Die Erbsen aushülsen, in sprudelndem Salzwasser ca. 8 Minuten kochen und abgießen.
2 Die Butter in einer Pfanne zerlassen, die Erbsen hineingeben und 5 Minuten garen. Mit Salz würzen.
3 Den Schinken in ca. 4 cm lange Streifen schneiden.
4 Den Schinken zu den Erbsen geben und weitere 8 Minuten braten.
5 Die Tagliolini in reichlich Salzwasser »al dente« kochen und abgießen.
6 Basilikum und Minze fein wiegen, mit den gut abgetropften Tagliolini zu den Erbsen geben.
7 Mit Parmesan bestreuen, pfeffern, unter Rühren 1 Minute fertiggaren und servieren.

Crespelle mit Radicchiofüllung

Empfohlene Weine
Markgräfler Gutedel, QbA, trocken (Deutschland)
Silvaner aus Südtirol, Sauvignon del Collio (Italien)
Sancerre (Frankreich)
Kalifornischer Chenin blanc (USA)

Zubereitungszeit
1 Stunde

Für die Crespelle
2 Eier
100 g Weizenmehl
20 g Butter
Salz
200 ml Milch

Für die Füllung
500 g Radicchio
2 Schalotten
50 g Butter
150 ml Weißwein
Salz und Pfeffer
30 g geriebener Parmesan

Für die Béchamelsauce
60 g Butter
50 g Weizenmehl
1 l Milch
Salz und Pfeffer

1 In einer Schüssel Eier und Mehl gut verrühren. Die geschmolzene Butter und eine Prise Salz dazugeben und nach und nach die Milch hineingießen. Dabei ständig kräftig rühren.
2 Etwas Teig in eine beschichtete Pfanne (Durchmesser ca. 20 cm) geben und rasch von beiden Seiten ausbacken. Auf diese Weise 8 Crespelle vorbereiten.
3 Den Radicchio in etwa 3 cm große Stücke schneiden, die Schalotten fein hakken.
4 50 g Butter in einer Pfanne erhitzen, Radicchio und Schalotten hineingeben und ca. 15 Minuten garen. Mit dem Wein beträufeln, salzen und pfeffern und weitere 10 Minuten schmoren lassen.
5 Für die Béchamelsauce die Butter in einer kleinen Kasserolle erhitzen, das Mehl hineingeben und 3 Minuten unter Rühren dünsten. Nach und nach unter ständigem, kräftigem Rühren die Milch hineingießen und ca. 15 Minuten köcheln lassen. Dabei ständig weiterrühren. Mit Salz und Pfeffer abschmekken.
6 Die Hälfte der Béchamelsauce mit dem Radicchio vermischen und auf die Crespelle verteilen.
7 Die Crespelle zweimal, jeweils in der Mitte, zusammenfalten und in eine ausgebutterte, feuerfeste Form schichten.
8 Die restliche Béchamelsauce darübergießen, mit Parmesan bestreuen und 15 Minuten im vorgeheizten Ofen bei 220° C überbacken.

1

2

3

4

5

6

7

8

Tortelli mit weißen Trüffeln

Empfohlene Weine
Ruwer-Riesling, Kabinett, trocken (Deutschland)
Pinot champenois dell'Oltrepò pavese
Greco di Tufo (Italien)
Champagne (Frankreich)
Kalifornischer Chardonnay (USA)

Zubereitungszeit
1 Stunde und 20 Minuten

4 Tortelli, hergestellt aus frischem Nudelteig (Seite 180)
Salz
40 g geriebener Parmesan
50 g Butter
40 g weiße Trüffeln

Für den Nudelteig
200 g Weizenmehl
3 Eier
Salz

Für die Füllung
50 g gekochter Spinat
50 g geriebener Parmesan
*50 g Ricotta**
5 Eier
Salz, Pfeffer, Muskatnuß

1 Aus Mehl, Eiern und Salz einen Teig bereiten und sehr dünn ausrollen. 8 runde Teigblätter von 15 cm Durchmesser ausstechen.
2 Den Spinat sehr fein wiegen. Mit dem Parmesan, Ricotta, 1 Ei, je einer Prise Salz, Pfeffer und Muskatnuß zu einem homogenen Teig vermengen.
3 4 Teigblätter auf Pergamentpapier legen, die Spinatfülle in 4 Teile teilen und in die Mitte der Teigblätter setzen.
4 Eine kleine Mulde in den Spinat drücken, vorsichtig ein Eigelb mit der Hälfte des Eiweiß hineingleiten lassen. Leicht salzen und pfeffern.
5 Die Ränder der Teigblätter mit etwas kaltem Wasser anfeuchten, die anderen 4 Teigblätter darüberlegen und die Ränder fest zusammenpressen. Dabei möglichst die ganze Luft herausdrücken.
6 Die Tortelli in kochendem Salzwasser 2 Minuten garen und herausheben.
7 In gut vorgewärmte tiefe Teller legen und mit Parmesan bestreuen.
8 Die Butter bei starker Hitze schmelzen und, sobald sie eine nußbraune Farbe angenommen hat, über die Tortelli gießen. Mit hauchdünn gehobelten Trüffelscheibchen garnieren.

1

2

3

4

5

6

7

8

Tortelli mit Ricotta und Auberginen

Empfohlene Weine
Kaiserstühler Grauburgunder, Kabinett (Deutschland)
Ribolla dei Colli Orientali del Friuli,
Pinot dell'Oltrepò pavese (Italien)
Pinot d'Alsace (Frankreich)
Kalifornischer Sauvignon blanc (USA)

Zubereitungszeit
1 Stunde und 15 Minuten

600–800 g Tortelli, hergestellt aus frischem Nudelteig (Seite 180)
400 g Auberginen
8 EL Öl
Salz
40 g Butter
2 EL geriebener Parmesan
½ TL Origano
½ TL feingehackter Schnittlauch
½ TL feingehackte Petersilie

Für den Nudelteig
250 g Weizenmehl
3 Eier, Salz

Für die Füllung
*100 g frischer Ricotta**
*30 g trockener, geriebener Ricotta**
*40 g Mascarpone**
Salz

1 Aus den angegebenen Zutaten einen Nudelteig bereiten, dünn ausrollen und Quadrate von 6 cm Seitenlänge ausschneiden.
2 Frischen und trockenen Ricotta, Mascarpone und Salz in einer Schüssel verrühren. Eine kleine Portion davon auf die Teigquadrate setzen und zu Dreiecken zusammenklappen. Die beiden äußeren Enden übereinanderlegen und festdrücken.
3 Die Auberginen schälen, 12 Scheiben von 8 mm Dicke schneiden, den Rest in 1 cm große Würfel schneiden.
4 Das Öl in einem Topf sehr heiß werden lassen, zuerst die Auberginenscheiben, danach die Würfel ausbacken. Mit Salz bestreuen und warm stellen.
5 Die Tortelli in kochendem Salzwasser garen und gut abtropfen lassen. Die Butter in einem Topf zerlassen, die Tortelli darin schwenken und mit Parmesan bestreuen.
6 Jeweils 3 Auberginenscheiben auf vorgewärmten Tellern anrichten, die Tortelli und Auberginenwürfel verteilen. Zuletzt die Kräuter darüberstreuen.

Cannelloni Nizzaer Art

Empfohlene Weine
Markgräfler Gutedel, QbA, trocken (Deutschland)
Pinot bianco del Collio,
Montecarlo bianco (Italien)
Pouilly Fuissé (Frankreich)
Kalifornischer Pinot blanc (USA)

Zubereitungszeit
1 Stunde und 15 Minuten

600–800 g Cannelloni, hergestellt aus frischem Nudelteig (Seite 180)
Salz
1 EL Öl
80 g Butter
1 EL geriebener Parmesan
*2 EL brauner Fond**

Für den Nudelteig
250 g Mehl
2 Eier
50 ml Weißwein
Salz

Für die Füllung
500 g Spinat
2 EL geriebener Parmesan
Salz, Muskatnuß, 1 Ei

1 Aus den angegebenen Zutaten einen Nudelteig bereiten und dünn ausrollen.
2 Mit einem Messer Quadrate von 10 cm Seitenlänge ausschneiden.
3 Die Teigblätter in reichlich Salzwasser »al dente« kochen. 1 EL Öl ins Wasser geben, damit sie nicht aneinanderkleben.
4 Die Teigblätter herausnehmen und auf einem Küchentuch ausbreiten.
5 Den Spinat säubern, waschen und kurz in Salzwasser abbrühen. Er sollte knackig bleiben.
6 Anschließend ausdrücken und fein hacken oder im Mixer pürieren.
7 Spinat, Parmesan, 1 Prise Salz und Muskatnuß sowie das Ei in einer Schüssel gut miteinander vermischen. Diese Füllung auf die Teigblätter verteilen und zu Cannelloni aufrollen (Seite 182).
8 Die Cannelloni in eine ausgebutterte Auflaufform legen, Parmesan darüberstreuen und mit zerlassener Butter beträufeln. Etwa 15 Minuten im vorgeheizten Ofen bei 180 °C gratinieren. Die Cannelloni vor dem Servieren mit dem braunen Fond einpinseln.

Spinatgnocchi mit Bohnen und Lauch

Empfohlene Weine
Nahe-Riesling, QbA, trocken (Deutschland)
Silvaner aus Südtirol, Sauvignon del Collio (Italien)
Sancerre (Frankreich)
Kalifornischer Chenin blanc (USA)

Zubereitungszeit
2 Stunden und 40 Minuten (plus 12 Stunden zum Einweichen der Bohnen)

100 g getrocknete weiße Bohnen
Salz
250 g Kartoffeln
200 g Spinat
2 Eigelb
120 g Weizenmehl
1 Prise Muskatnuß
16 junge Lauchstangen
90 g Butter
4 Basilikumblättchen
4 Salbeiblättchen
250 ml Weißwein
*6 EL Kalbsfond**
Pfeffer

1 Die Bohnen 12 Stunden einweichen, anschließend 1 Stunde und 15 Minuten in kochendem Salzwasser garen. Die Kartoffeln weich kochen, schälen und durch ein Sieb passieren.
2 Den Spinat abbrühen und im Mixer pürieren.
3 Spinat, Kartoffeln, Eigelb, Mehl, Muskatnuß und Salz sorgfältig vermischen.
4 Aus diesem Teig fingerdicke Röllchen formen und anschließend in längliche Stückchen schneiden.
5 Den Lauch in 4 cm große Stücke schneiden und in 50 g Butter andünsten. Basilikum, Salbei und Weißwein hineingeben und etwas schmoren lassen. Die Bohnen mit etwas Kochwasser und den Kalbsfond hinzufügen. Das Ganze einige Minuten köcheln lassen.
6 Die Kartoffelgnocchi in kochendem Salzwasser 2 oder 3 Minuten garen, abtropfen lassen und mit Pfeffer würzen. Danach in der restlichen Butter schwenken. Gnocchi, Bohnen und Lauch auf vorgewärmte Teller verteilen und mit dem Gemüsefond beträufeln.

Orecchiette mit Tomaten und Ricotta

Empfohlene Weine
Riesling von der Mittelmosel, Kabinett (Deutschland)
Martinafranca bianco, Pinot grigio aus Südtirol (Italien)
Touraine Sauvignon (Frankreich)
Kalifornischer Chardonnay (USA)

Zubereitungszeit
1 Stunde

300 g Orecchiette, hergestellt aus frischem Nudelteig (Seite 180), 4 EL Öl
1 EL gehackte Zwiebeln
1 Knoblauchzehe
400 g Tomaten
1 Rosmarinzweiglein
Salz
2 EL trockener, geriebener Ricotta, schwarzer Pfeffer*

Für den Nudelteig
150 g Weizenmehl
150 g Hartweizengrieß
200 ml Wasser
Salz

1 Das Öl in einer Pfanne erhitzen, die gehackten Zwiebeln 3 Minuten darin anbraten. Die feingewiegte Knoblauchzehe hinzufügen und bei niedriger Hitze leicht anbräunen.

2 Die Tomaten enthäuten, Kerne entfernen, in kleine Stücke schneiden.

3 Zu den Zwiebeln in die Pfanne geben, das Rosmarinzweiglein hinzufügen, salzen und ca. 20 Minuten schmoren lassen.

4 Die Orecchiette zubereiten (Seite 184), in Salzwasser »al dente« kochen, abgießen und in eine gut vorgewärmte Suppenschüssel füllen.

5 Den geriebenen Ricotta darüberstreuen, Tomatensauce hineingeben, pfeffern, gut durchmischen und servieren.

Tortellini mit Mangoldfüllung

<u>Empfohlene Weine</u>
Einfacher Rheingauer Riesling, QbA, trocken (Deutschland)
Riesling dell'Oltrepò pavese, Greco di Tufo (Italien)
Graves Blanc (Frankreich)
Kalifornischer Chenin blanc (USA)

<u>Zubereitungszeit</u>
1 Stunde und 20 Minuten

600–800 g Tortellini, hergestellt aus frischem Nudelteig (Seite 180)
Salz
4 EL Parmesan
60 g Butter, Pfeffer

<u>Für den Nudelteig</u>
250 g Weizenmehl
3 Eier, Salz

<u>Für die Füllung</u>
400 g Mangold
40 g Butter
*150 g frischer Ricotta**
60 g geriebener Parmesan
Salz
Muskatnuß

1 Den Mangold fein hacken. Die Butter in einer Pfanne erhitzen, den Mangold hineingeben und ca. 10 Minuten garen, in eine Schüssel füllen. Ricotta und Parmesan zufügen, gut verrühren, mit Salz und Muskat abschmecken.
2 Die Tortellini (zubereiten, wie auf Seite 16/17 beschrieben) in reichlich Salzwasser »al dente« kochen. Abgießen und auf vier vorgewärmten Tellern anrichten.
3 Den Parmesan darüberstreuen.
4 Die Butter in einem kleinen Topf zerlassen. Über die Tortellini träufeln, etwas Pfeffer darüberstreuen.

Pansooti in Nußsauce

<u>Empfohlene Weine</u>
Kerner aus der Pfalz, Kabinett, halbtrocken (Deutschland)
Riesling dei Colli Orientali del Friuli, Terlaner aus Südtirol (Italien)
Sancerre (Frankreich)
Kalifornischer Chardonnay (USA)

<u>Zubereitungszeit</u>
1 Stunde und 30 Minuten

600–800 g Pansooti, hergestellt aus frischem Nudelteig (Seite 180)
400 g Walnüsse
1 Handvoll Weißbrotkrume
1 Knoblauchzehe, Salz
3 EL Öl
4 EL Dickmilch
4 EL Parmesan

<u>Für den Nudelteig</u>
300 g Weizenmehl
200 ml Weißwein
200 ml Wasser
Salz

<u>Für die Füllung</u>
600 g junger Mangold
40 g geriebener Parmesan
*200 g frischer Ricotta**
1 Ei
1 Knoblauchzehe, Salz

1 Den Mangold in Salzwasser weich kochen. Gut ausdrücken und fein wiegen oder im Mixer pürieren.
2 In einer Schüssel mit Parmesan, Ricotta, dem Ei, der sehr fein gewiegten Knoblauchzehe und etwas Salz sorgfältig vermischen.
3 Aus Mehl, Weißwein, lauwarmem Wasser und Salz den Teig zubereiten und dünn ausrollen. Aus der Füllung kleine Kügelchen formen und in Abständen von 5 cm auf eine Hälfte der Teigplatte setzen (Seite 183).
4 Mit der anderen Teigplatte belegen, rund um die Füllungen gut andrücken. Die Pansooti mit einem Teigrädchen ausschneiden.
5 Walnußkerne in kochendem Wasser blanchieren, damit sie sich leichter schälen lassen.
6 In einem Mörser mit der eingeweichten und gut ausgedrückten Brotkrume, der Knoblauchzehe und einer Prise Salz fein zerstoßen.
7 Diesen Nußteig durch ein feines Sieb in eine Schüssel streichen. Das Öl und die Dickmilch hinzufügen.
8 Die Pansooti in kochendem Salzwasser garen, abgießen und in eine Schüssel geben. Parmesan und die Nußsauce hinzufügen, durchmischen und servieren.

1

2

3

4

5

6

7

8

Fazzoletti mit Basilikumsauce

Empfohlene Weine
Mittelrheinischer Riesling, QbA (Deutschland)
Silvaner aus Südtirol,
Riesling dell'Oltrepò pavese (Italien)
Sancerre (Frankreich)
Kalifornischer Sauvignon blanc (USA)

Zubereitungszeit
1 Stunde und 10 Minuten

400 g Fazzoletti, hergestellt aus frischem Nudelteig (Seite 180)
Salz, 1 EL Öl
40 g Butter
4 EL Parmesan, Pfeffer

Für die Basilikumsauce
60 g Basilikum
6 Spinatblätter
4 EL Öl
20 g Pinienkerne
1 Prise Salz

Für den Nudelteig
150 g Weizenmehl
150 g Hartweizengrieß
3 Eier, 1 Eigelb
Salz

1 Den Teig zubereiten und in 24 Quadrate von 8 cm Seitenlänge schneiden.
2 Basilikum und Spinat waschen, 8 Basilikumblättchen beiseite legen. Spinat und Basilikum mit dem Öl, den Pinienkernen und einer Prise Salz zu einer weichen, cremigen Paste pürieren.
3 Die Teigblätter in Salzwasser garen. 1 EL Öl ins Kochwasser geben, damit sie nicht aneinanderkleben.
4 Die Butter in einem kleinen Topf erhitzen. Die abgetropften Teigblätter darin wenden und jeweils 3 auf einem vorgewärmten Teller anrichten.
5 Die Basilikumsauce darauf verteilen, 2 TL davon zurückbehalten. Den Parmesan darüberstreuen und mit 3 weiteren Teigblättern bedekken. Mit Pfeffer bestäuben.
6 2 Minuten in den vorgeheizten Backofen (150 °C) schieben, vor dem Servieren mit jeweils 2 Basilikumblättchen und ½ TL Basilikumsauce garnieren.

Pizzoccheri

Empfohlene Weine
Pfälzer Portugieser, Kabinett, trocken (Deutschland)
Südtiroler Lagrein Kretzer,
Grignolino del Monferrato casalese (Italien)
Beaujolais (Frankreich)
Kalifornischer Blanc de Noirs (USA)

Zubereitungszeit
1 Stunde und 10 Minuten

240 g Pizzoccheri, hergestellt aus frischem Nudelteig (Seite 180)
200 g Kartoffeln
200 g Wirsing
100 g Mangold
Salz
80 g Butter
*100 g Bitto**
2 EL geriebener Parmesan
schwarzer Pfeffer
1 Knoblauchzehe

Für den Nudelteig
150 g Buchweizenmehl
60 g Weizenmehl
1 Ei
250 ml Milch
Salz

1 Die Kartoffeln schälen und in kleine Stücke schneiden. Wirsing und Mangold waschen und in Streifen schneiden.
2 Kartoffeln in kochendes Salzwasser geben, nach 4 Minuten Wirsing und Mangold, nach weiteren 3 Minuten die vorbereiteten Pizzoccheri (zubereitet wie auf Seite 185 beschrieben) hineingeben.
3 Das Ganze abgießen und in eine ausgebutterte Auflaufform schichten. Den in feine Scheiben geschnittenen Bitto darauf verteilen, mit dem Parmesan bestreuen und pfeffern.
4 Die restliche Butter erhitzen und den feingewiegten Knoblauch darin bei sehr niedriger Hitze anbräunen. Über die Pizzoccheri träufeln und einige Minuten im vorgeheizten Backofen (120 °C) gratinieren.

Conchiglie und Spaghettini mit Tomaten

Empfohlene Weine
Rheingauer Weißburgunder, Kabinett, trocken (Deutschland)
Ribolla dei Colli Orientali del Fruili,
Bianchello del Metauro (Italien)
Muscadet (Frankreich)
Vinho verde (Portugal)

Zubereitungszeit
30 Minuten

140 g Conchiglie
100 g Spaghettini
400 g reife Tomaten
6 EL Öl, Salz
1 TL gehacktes Basilikum
1 Knoblauchzehe
schwarzer Pfeffer

1 Die Tomaten häuten und von den Kernen befreien.
2 In kleine Würfel schneiden, 4 EL davon beiseite stellen.
3 1 EL Öl erhitzen, die Tomaten hineingeben, mit Salz abschmecken und 6 Minuten garen.
4 Die Tomaten durch ein Sieb passieren.
5 Die Tomaten mit 2 EL Öl und dem Basilikum in einer großen Schwenkpfanne 1 Minute schmoren.
6 Die Conchiglie in kochendes Salzwasser geben, nach 4 Minuten die Spaghettini hinzufügen und »al dente« kochen.
7 Die abgetropften Teigwaren zu den Tomaten in die Pfanne geben, bei starker Hitze kurz durchmischen. Auf vorgewärmten Tellern anrichten und mit jeweils 1 EL rohen Tomatenstückchen garnieren.
8 Den Knoblauch sehr klein schneiden, im restlichen Öl bei sehr niedriger Hitze anbräunen und über die Teigwaren träufeln. Mit Pfeffer abschmecken und servieren.

1

2

3

4

6

7

8

Tagliolini mit Kürbisblüten

Empfohlene Weine
Badischer Weißburgunder, Kabinett, trocken (Deutschland)
Pinot bianco del Collio, Soave (Italien)
Pouilly Fumé (Frankreich)
Kalifornischer Pinot blanc (USA)

Zubereitungszeit
1 Stunde

280 g Tagliolini, hergestellt aus frischem Nudelteig (Seite 180)
16 Kürbisblüten
2 EL Öl
50 g Butter
Salz
2 Salbeiblättchen
1 EL geriebener Parmesan
Pfeffer

Für den Nudelteig
150 g Weizenmehl
100 g Hartweizengrieß
3 Eier
Salz

1 Die Kürbisblüten waschen und trockentupfen.
2 Die Stengel bis zum Blütenkelch abschneiden, die Kürbisblüten in der Mitte öffnen und dann der Länge nach vierteln.
3 Öl und 10 g Butter erhitzen, die Kürbisblüten hineingeben, salzen und ca. 5 Minuten braten; sie sollen knackig bleiben.
4 Die Tagliolini (zubereiten, wie auf Seite 181 beschrieben) in Salzwasser »al dente« kochen und abgießen.
5 Die restliche Butter in einer großen Schwenkpfanne zerlassen. Die Salbeiblättchen hinzufügen und mit einer Gabel zerdrücken, damit die Butter deren Aroma annimmt.
6 Sobald die Butter eine goldbraune Farbe angenommen hat, die Salbeiblättchen entfernen. Tagliolini, Parmesan, Pfeffer und die Kürbisblüten hineingeben. Bei mittlerer Hitze unter Rühren kurz fertiggaren.

Pappardelle und Tagliolini mit Brennesseln

Empfohlene Weine
Rheinhessischer Silvaner, QbA, trocken (Deutschland)
Pinot grigio aus Südtirol, Greco di Tufo (Italien)
Chassagne Montrachet (Frankreich)
Vinho verde (Portugal)

Zubereitungszeit
1 Stunde

360 g Pappardelle und 40 g Tagliolini, hergestellt aus frischem Nudelteig (Seite 180)
600 g junge Brennesselblätter
Salz
60 g Butter
4 EL geriebener Parmesan
schwarzer Pfeffer

Für den Nudelteig
200 g Weizenmehl
150 g Hartweizengrieß
3 Eier
1 Eigelb
Salz

1 Die Brennesselblätter in kochendem Salzwasser kurz brühen, leicht ausdrücken.
2 Im Mixer pürieren, dann in einer Schüssel mit 40 g zerlassener Butter mischen.
3 Die Pappardelle (beide Nudelsorten zubereiten, wie auf Seite 181 beschrieben) kurz in kochendem Salzwasser garen. Die Tagliolini in einem anderen Topf »al dente« kochen.
4 Die Pappardelle mit den Brennesseln in eine Schwenkpfanne geben, 3 EL Parmesan hinzufügen und unter Rühren bei starker Hitze 2 Minuten garen.
5 Die Pappardelle auf gut vorgewärmte Teller verteilen. Die restliche Butter erhitzen, Tagliolini und den Parmesan dazugeben. Reichlich Pfeffer darüberstreuen und gut mischen. Die Tagliolini in der Mitte der Teller anrichten.

Fazzoletti mit Kürbisblüten und Spargel

Empfohlene Weine
Württemberger Riesling, Kabinett, trocken (Deutschland)
Sauvignon del Collio,
Silvaner aus Südtirol (Italien)
Sancerre (Frankreich)
Kalifornischer Gewürztraminer (USA)

Zubereitungszeit
1 Stunde und 10 Minuten

200 g Fazzoletti, hergestellt aus frischem Nudelteig (Seite 180)
300 g grüne, kleine Spargelstangen
Salz
1 EL Öl
12 Kürbisblüten
60 g Butter
40 g Weizenmehl
250 ml Milch
Muskatnuß
4 EL Parmesan
Pfeffer
1 kleine Zucchini

Für den Nudelteig
200 g Weizenmehl
2 Eier, Salz

1 Den Spargel putzen und waschen. Die Spitzen (4 cm) abschneiden. Die Spargelstangen ca. 15 Minuten in Salzwasser garen.
2 Die Spargelstangen abtropfen lassen und im Mixer pürieren.
3 Die Spargelspitzen ca. 10 Minuten in kochendem Salzwasser garen, sie müssen sehr knackig bleiben.
4 Den Nudelteig zubereiten und 8 Quadrate von 10 cm Seitenlänge ausschneiden. Die Teigblätter in kochendem Salzwasser garen. 1 EL Öl ins Wasser geben, damit sie nicht aneinander kleben.
5 Für die Béchamelsauce die Butter erhitzen, das Mehl unterrühren, danach die heiße Milch hineingießen, mit etwas Muskatnuß abschmecken und ca. 15 Minuten unter Rühren köcheln lassen.
6 Das Spargelpüree mit der Béchamelsauce verrühren und leicht salzen.
7 Je 1 Teigblatt in 4 feuerfeste Auflaufförmchen legen, die Spargelspitzen fächerartig darauf anrichten. Mit Parmesan und etwas Pfeffer bestreuen. Die gewaschenen und geöffneten Kürbisblüten darauflegen, Béchamelsauce darübergießen und mit einem zweiten Teigblatt bedecken.
8 Einige Zucchinischeibchen und 2 Spargelspitzen darauf anrichten und für wenige Minuten in den vorgeheizten Backofen (160 °C) schieben. Aus dem Ofen nehmen, jeweils 1 EL heiße Butter darüberträufeln und servieren.

Tagliolini mit weißen Trüffeln

Empfohlene Weine
Saar-Riesling, Spätlese, trocken (Deutschland)
Pinot spumante dell'Oltrepò pavese,
Terlaner aus Südtirol (Italien)
Batard Montrachet (Frankreich)
Kalifornischer Chardonnay (USA)

Zubereitungszeit
50 Minuten

400 g Tagliolini, hergestellt aus frischem Nudelteig (Seite 180), Salz
4 EL geriebener Parmesan
80 g Butter
60 g weiße Trüffeln

Für den Nudelteig
200 g Weizenmehl
150 g Hartweizengrieß
3 Eier, 1 Eigelb, Salz

1 Die Tagliolini (zubereiten, wie auf Seite 181 beschrieben) 4 Minuten in sprudelndem Salzwasser »al dente« kochen.
2 Abgießen, in tiefen Tellern anrichten und mit Parmesan bestreuen.
3 Die Butter in einem kleinen Topf erhitzen und über die Tagliolini gießen.
4 Mit hauchdünn gehobelten Trüffelscheibchen garnieren und servieren.

Garganelli mit Zucchini

<u>Empfohlene Weine</u>
Mittelbadischer Riesling, QbA, trocken (Deutschland)
Verdicchio dei Castelli di Jesi,
Riesling dei Colli Orientali del Friuli (Italien)
Pouilly Fuissé (Frankreich)
Kalifornischer Sauvignon blanc (USA)

<u>Zubereitungszeit</u>
1 Stunde und 10 Minuten

400 g Garganelli, hergestellt aus frischem Nudelteig (Seite 180)
4 kleine Zucchini
Salz
60 g Butter
4 Schalotten
100 ml Weißwein
*2 EL brauner Fond**
4 EL geriebener Parmesan
Pfeffer

<u>Für den Nudelteig</u>
250 g Weizenmehl
150 g Hartweizengrieß
4 Eier
Salz

1 Die Zucchini ungeschält der Länge nach in 5 cm lange und 3 mm dicke Scheibchen schneiden.
2 Zugedeckt 20 Minuten in Butter dünsten. Sie sollen knackig bleiben. Am Schluß salzen.
3 Die Schalotten in sehr feine Streifchen schneiden. In einer großen Pfanne in der restlichen Butter kurz anbraten, mit dem Wein beträufeln, salzen und den braunen Fond hineingeben. 5 Minuten bei kleiner Hitze eindicken lassen.
4 Die Garganelli (zubereiten, wie auf Seite 186 beschrieben) in Salzwasser »al dente« kochen und abgießen.
5 Zu den Schalotten in die Pfanne geben, mit Parmesan und Pfeffer bestreuen und bei starker Hitze unter Rühren 2 Minuten fertiggaren.
6 Auf gut vorgewärmten Tellern anrichten und mit den Zucchinischeibchen garnieren.

Penne mit Paprika und Zucchini

Empfohlene Weine
Württemberger Kerner, Kabinett, halbtrocken (Deutschland)
Silvaner aus Südtirol, Sauvignon del Collio (Italien)
Elsässer Gewürztraminer (Frankreich)
Kalifornischer Johannisberg Riesling (USA)

Zubereitungszeit
30 Minuten

240 g Penne
1 gelbe Paprikaschote
2 kleine Zucchini
40 g Butter
4 Zucchiniblüten
30 g Weizenmehl
200 ml Öl
Salz
200 g Tomatensauce (Seite 178)
1 EL gehackte Petersilie
schwarzer Pfeffer

1 Die Paprikaschote über offener Flamme oder im Backofen rösten und die Haut abziehen.
2 Die Schote halbieren, Kerne entfernen, zusammen mit den Zucchini in Würfel schneiden.
3 Die Butter in einer weiten Pfanne erhitzen und die Paprikawürfel hineingeben. Nach 5 Minuten die Zucchini hinzufügen und fertiggaren. Das Gemüse muß knackig bleiben.
4 Die Zucchiniblüten in Mehl wenden, im heißen Öl unter Wenden ausbacken und salzen.
5 Die Penne in reichlich sprudelndem Salzwasser »al dente« kochen.
6 Die Tomatensauce in das Gemüse geben. Die abgetropften Penne hinzufügen, mit der gehackten Petersilie bestreuen und pfeffern. Alles gut mischen, auf Tellern anrichten und mit den Zucchiniblüten garnieren.

Maccheroncini mit Erbsen

Empfohlene Weine
Mosel-Riesling, Kabinett, halbtrocken (Deutschland)
Gavi, Trebbiano di Romagna (Italien)
Muscadet (Frankreich)
Kalifornischer Chenin blanc (USA)

Zubereitungszeit
40 Minuten

240 g Maccheroncini
400 g frische Erbsen
60 g Butter
Salz
2 EL geriebener Parmesan
1 EL gehackte Petersilie
Pfeffer

1 Die Erbsen aushülsen.
2 Die Hälfte der Butter in einer großen Pfanne erhitzen, die Erbsen hineingeben, salzen und ca. 20 Minuten garen. Sie müssen bißfest sein.
3 Die Maccheroncini in Salzwasser »al dente« kochen, abgießen und zu den Erbsen geben.
4 Den Parmesan und die Petersilie darüberstreuen, die restliche Butter zugeben. Sorgfältig durchmischen, mit Pfeffer abschmecken und servieren.

Rigatoni mit Basilikum

<u>Empfohlene Weine</u>
Saar-Riesling, QbA, trocken (Deutschland)
Gavi, Riesling dell'Oltrepò pavese (Italien)
Sancerre (Frankreich)
Kalifornischer Sauvignon blanc (USA)

<u>Zubereitungszeit</u>
20 Minuten

300 g Rigatoni
8 EL Öl
40 g Basilikum
1 Knoblauchzehe, Salz
2 EL geriebener Parmesan
*1 EL geriebener Pecorino**
Pfeffer

1 Das Öl in einer weiten Pfanne leicht erhitzen.
2 Basilikum und Knoblauch fein wiegen. 2 Minuten bei niedriger Hitze im Öl braten.
3 Die zuvor in reichlich Salzwasser »al dente« gekochten und gut abgetropften Rigatoni ebenfalls in die Pfanne geben.
4 Parmesan und Pecorino darüberstreuen.
5 Sorgfältig mischen, mit Pfeffer abschmecken und servieren.

Ravioli mit Steinpilzfüllung

Empfohlene Weine
Fränkischer Silvaner, Kabinett, trocken (Deutschland)
Pinot bianco del Collio,
Vernaccia di San Gimignano (Italien)
Montrachet (Frankreich)
Kalifornischer Johannisberg Riesling (USA)

Zubereitungszeit
1 Stunde und 30 Minuten

500–600 g Ravioli, hergestellt aus frischem Nudelteig (Seite 180)
1 Eiweiß
Salz
60 g Butter
4 Salbeiblättchen
½ TL Thymian
40 g geriebener Parmesan

Für den Nudelteig
250 g Weizenmehl
3 Eier
Salz

Für die Füllung
200 g Steinpilze
40 g Butter
1 Knoblauchzehe, Salz
*100 g frischer Ricotta**
2 EL geriebener Parmesan
1 TL Petersilie, Pfeffer

1 Die Steinpilze waschen, trockentupfen und in feine Scheibchen schneiden.
2 In einer Pfanne die Butter erhitzen, die zerdrückte Knoblauchzehe hineingeben und die Pilze darin bißfest garen. Mit Salz würzen.
3 In einer Schüssel die Pilze mit Ricotta, Parmesan und Petersilie gut mischen. Mit Pfeffer abschmecken.
4 Den bereits vorbereiteten Teig mit dem Teigrädchen in 5 cm große Quadrate schneiden.
5 1 TL Füllung auf die einzelnen Teigblättchen setzen, die Ränder mit etwas Eiweiß oder Wasser anfeuchten. Zu Dreiecken zusammenklappen und die Ränder fest andrücken.
6 Die Ravioli in reichlich Salzwasser »al dente« kochen, abgießen und auf vorgewärmten Tellern verteilen.
7 Die Butter in einer Pfanne erhitzen, die Salbeiblättchen und den Thymian darin anbraten.
8 Die Ravioli mit Parmesan bestreuen, die Butter durch ein sehr feines Sieb filtern und darübergießen.

1

2

3

4

5

6

7

8

Bucatini mit Brokkoli

Empfohlene Weine
Müller-Thurgau von der Nahe, QbA (Deutschland)
Riesling dei Colli Orientali del Friuli,
Martinafranca bianco (Italien)
Montrachet (Frankreich)
Kalifornischer Sauvignon blanc (USA)

Zubereitungszeit
30 Minuten

240 g Bucatini
800 g Brokkoli
Salz
8 EL Öl
¼ Pfefferschote
1 Knoblauchzehe
40 g Sardellen

1 Den Brokkoli waschen und putzen, die Stengel wegschneiden.
2 Die Brokkoliröschen in Salzwasser kochen, sie sollen noch Biß haben, herausnehmen, abtropfen lassen und warm stellen.
3 Im selben Kochwasser die Bucatini garen.
4 Kurz vor Ende der Garzeit die Brokkoliröschen hineingeben und nach 2 Minuten abgießen.
5 Das Öl in einer großen Pfanne erhitzen. Pfefferschote und Knoblauch zusammen sehr fein wiegen und in die Pfanne geben. Unter Rühren die gewaschenen, entgräteten und kleingehackten Sardellen hinzufügen.
6 Bei mittlerer Hitze 3 Minuten braten. Danach die Bucatini und Brokkoliröschen hinzufügen. Umrühren und kurz ziehen lassen.

Spaghettini mit Tomatensauce

Empfohlene Weine
Rheinhessische Scheurebe, Kabinett, trocken (Deutschland)
Pinot bianco del Collio, Bianchello del Metauro (Italien)
Bordeaux blanc (Frankreich)
Kalifornischer Sauvignon blanc (USA)

Zubereitungszeit
30 Minuten

320 g Spaghettini
½ Zwiebel
1 Knoblauchzehe, 8 EL Öl
400 g reife Tomaten
Salz und schwarzer Pfeffer
1 EL gehacktes Basilikum
4 Basilikumstengel

1 Zwiebel und Knoblauch sehr fein hacken. In einer Schwenkpfanne das Öl erhitzen und beide kurz im Öl anbraten.
2 Die enthäuteten, entkernten und zerkleinerten Tomaten hineingeben, salzen und zugedeckt 5–8 Minuten garen.
3 Die Spaghettini in reichlich Salzwasser »al dente« kochen und abgießen.
4 In die Tomatensauce geben, pfeffern, gut mischen und das gehackte Basilikum hinzufügen.
5 Die Spaghettini in tiefe Teller verteilen und mit Basilikumblättchen garnieren.

Orecchiette mit Rapssprossen

Empfohlene Weine
Rheinhessischer Silvaner, QbA, trocken (Deutschland)
Martinafranca bianco, Ischia bianco (Italien)
Bourgogne blanc (Frankreich)
Kalifornischer Pinot blanc (USA)

Zubereitungszeit
1 Stunde

400 g Orecchiette, hergestellt aus frischem Nudelteig (Seite 180)
400 g Rapssprossen (ersatzweise Brokkoli)*
Salz
12 EL Öl
schwarzer Pfeffer

Für den Nudelteig
200 g Weizenmehl
200 g Hartweizengrieß
300 ml Wasser, Salz

1 Die Rapssprossen putzen und waschen.
2 Die Orecchiette (zubereitet, wie auf Seite 184 beschrieben) in sprudelndes Salzwasser geben.
3 Nach 2 Minuten die Rapssprossen zu den Orecchiette in das Kochwasser geben.
4 Das Ganze »al dente« kochen und abgießen.
5 In einer Servierschüssel anrichten und das Öl hineingießen.
6 Frisch gemahlenen Pfeffer darüberstreuen, gut mischen und servieren.

Spaghettini mit Tomaten, Knoblauch und Petersilie

<u>Empfohlene Weine</u>
Bergsträßer Riesling, QbA, trocken (Deutschland)
Pinot di Franciacorta, Regaleali bianco (Italien)
Puligny Montrachet (Frankreich)
Kalifornischer Gewürztraminer (USA)

<u>Zubereitungszeit</u>
20 Minuten

280 g Spaghettini
200 g Tomaten, 6 EL Öl
1 Rosmarinzweiglein
Salz
2 Knoblauchzehen
½ rote Pfefferschote
1 ½ EL gehackte Petersilie

1 Die Tomaten enthäuten, Kerne entfernen und in kleine Stücke schneiden.
2 1 EL Öl erhitzen, die Tomaten und das Rosmarinzweiglein hineingeben, salzen und 7 Minuten garen.
3 Die Spaghettini in Salzwasser »al dente« kochen und abgießen.
4 Das restliche Öl in einer Pfanne erhitzen. Knoblauchzehen und Pfefferschote sehr fein hacken und bei niedriger Hitze darin anbraten.
5 Die Spaghettini hineingeben, kurz umrühren und die gehackte Petersilie darüberstreuen.
6 Die Tomaten durch ein Sieb passieren, nochmals kurz aufkochen lassen. Mit den Spaghettini mischen und servieren.

Penne mit grünem Spargel

Empfohlene Weine
Pfälzer Ruländer, Kabinett, trocken (Deutschland)
Pinot bianco del Collio, Vermentino (Italien)
Puligny Montrachet (Frankreich)
Kalifornischer Chardonnay (USA)

Zubereitungszeit
30 Minuten

240 g Penne
500 g grüner Spargel
Salz
60 g Butter
2 EL geriebener Parmesan
1 EL gehackte Petersilie
Pfeffer

1 Den Spargel putzen, waschen und zu zwei Bündeln zusammenbinden.
2 In kochendem Salzwasser garen. Der Spargel muß sehr knackig bleiben.
3 Die Bündel mit der Schaumkelle herausnehmen und unter fließendem Wasser 2 Minuten abkühlen.
4 Die Fäden lösen, die Spargelstangen in 1,5 cm große Stücke schneiden.
5 Die Hälfte der Butter in einer weiten Pfanne erhitzen, den Spargel hineingeben und bei mittlerer Hitze 2 Minuten dünsten.
6 Die Penne in Salzwasser »al dente« kochen.
7 Abgießen und zu dem Spargel in die Pfanne geben.
8 Die restliche Butter, Parmesan, Petersilie und Pfeffer hinzufügen und unter Rühren in 2 Minuten fertiggaren.

Tortelli mit Kürbisfüllung

<u>Empfohlene Weine</u>
Riesling von der unteren Mosel, Kabinett, halbtrocken (Deutschland)
Pinot champenois di Franciacorta,
Silvaner aus Südtirol (Italien)
Kalifornischer Sauvignon blanc (USA)

<u>Zubereitungszeit</u>
1 Stunde und 45 Minuten

10 Tortelli, hergestellt aus frischem Nudelteig (Seite 180)
Salz
4 EL geriebener Parmesan
100 g Butter

<u>Für die Füllung</u>
800 g gelber Kürbis
*60 g Amaretti**
*100 g pikante Mostarda**
2 EL geriebener Parmesan
1 Prise Muskatnuß
Salz und Pfeffer

<u>Für den Nudelteig</u>
250 g Weizenmehl
3 Eier
Salz

1 Kürbis in Scheiben teilen und Kerne entfernen. Das Fruchtfleisch herausschneiden und für 20 Minuten in den heißen Backofen schieben.
2 Das Kürbisfleisch anschließend durch ein feines Sieb passieren.
3 Die Amaretti fein zerstoßen, mit den gehackten Mostarda-Früchten, Parmesan und Muskatnuß vermischen. Mit Salz und Pfeffer würzen.
4 In eine Hälfte des dünn ausgerollten Teiges mit einem Messer 20 Quadrate von 10 cm Seitenlänge einritzen. Auf jedes Quadrat etwas Füllung in die Mitte setzen.
5 Die zweite Teighälfte darüberlegen, die Ränder mit dem Daumen gut zusammendrücken. Mit dem Teigrädchen die quadratischen Tortelli ausschneiden.
6 Vorsichtig in kochendes Salzwasser gleiten lassen und 4–5 Minuten garen.
7 Einzeln mit dem Schaumlöffel herausheben und auf vorgewärmte Teller legen.
8 Mit Parmesan bestreuen und zerlassene Butter darüberträufeln.

1

2

3

4

5

6

7

8

Maccheroncini mit Paprika

Empfohlene Weine
Badischer Gewürztraminer, QbA, halbtrocken (Deutschland)
Ischia bianco, Spumante champenois del Trentino (Italien)
Elsässer Gewürztraminer (Frankreich)
Kalifornischer Johannisberg Riesling (USA)

Zubereitungszeit
30 Minuten

240 g Maccheroncini
300 g rote und grüne Paprikaschoten
8 EL Öl, Salz
4 EL geriebener Parmesan
schwarzer Pfeffer

1 Die Paprikaschoten über der Flamme oder im Backofen rösten.
2 Sorgfältig enthäuten, wenn nötig in lauwarmes Wasser tauchen, damit sich die Haut leichter abziehen läßt.
3 Die Schoten halbieren und Kerne entfernen. Die Schoten in 7 mm breite Streifen schneiden.
4 In einer großen Pfanne 4 EL Öl erhitzen, die Paprikastreifen darin bei mittlerer Hitze ca. 8 Minuten braten und mit Salz würzen. Sie müssen bißfest bleiben.
5 Die Maccheroncini in kochendem Salzwasser »al dente« garen und abgießen.
6 Die abgetropften Nudeln in die Pfanne geben, Parmesan, das restliche Öl und Pfeffer hinzufügen. 1 Minute kräftig rühren und servieren.

Ditalini mit Gemüse

Empfohlene Weine
Pfälzer Silvaner, QbA, trocken (Deutschland)
Corvo di Salaparuta,
Riesling dell'Oltrepò pavese (Italien)
Meursault (Frankreich)
Kalifornischer Gewürztraminer (USA)

Zubereitungszeit
40 Minuten

240 g Ditalini
1 gelbe Paprikaschote
8 EL Öl
1 Möhre
Salz
1 Zucchini
100 g grüne Bohnen
1 TL gehackte Petersilie
2 EL geriebener Parmesan
schwarzer Pfeffer

1 Die Paprikaschote über der Flamme oder im Backofen rösten, Haut abziehen.
2 Die Schote halbieren, Kerne entfernen, in dünne Streifen schneiden und in der Hälfte des Öls in einer Pfanne anbraten.
3 Die Möhre schaben und in Scheibchen schneiden. Einige Minuten in Salzwasser kochen, danach zu den Paprikastreifen geben.
4 Die Zucchini in Scheiben schneiden und hinzufügen.
5 Die Bohnen putzen, kurz in kochendem Salzwasser garen und zu dem anderen Gemüse geben.
6 Die Ditalini in sprudelndem Salzwasser »al dente« kochen, abtropfen lassen und ebenfalls zu dem Gemüse in die Pfanne geben.
7 Das restliche Öl, Petersilie, Parmesan und Pfeffer hineingeben. Unter kräftigem Rühren 2 Minuten fertiggaren und servieren.

Pappardelle mit Steinpilzen in Béchamelsauce

Empfohlene Weine
Rheinhessischer Ruländer, Kabinett, trocken (Deutschland)
Pinot grigio aus Südtirol, Tocai del Collio (Italien)
Montrachet (Frankreich)
Kalifornischer Chardonnay (USA)

1

2

3

4

5

6

Zubereitungszeit
1 Stunde und 20 Minuten (plus 2 Stunden für das Einweichen der Pilze)

320 g Pappardelle, hergestellt aus frischem Nudelteig (Seite 180)
60 g getrocknete Steinpilze
1 EL Öl
1 Knoblauchzehe
Salz
60 g Butter
1 EL Weizenmehl
250 ml kochendheiße Milch
2 EL geriebener Parmesan
Pfeffer

Für den Nudelteig
280 g Weizenmehl
3 Eier, Salz

1 Die Pilze in lauwarmem Wasser 2 Stunden einweichen. Oft umrühren, um den Sand auszuschwemmen.
2 Abtropfen lassen, das Einweichwasser filtern und aufbewahren. Eventuell noch erdige Stellen wegschneiden, die Pilze anschließend grob zerkleinern.
3 Das Öl in einer großen Pfanne erhitzen, die zerdrückte Knoblauchzehe und die Pilze hineingeben. Salzen und nach und nach das Einweichwasser angießen.
4 Für die Béchamelsauce die Butter in einer kleinen Pfanne erhitzen, das Mehl einstreuen und leicht anschwitzen. Nach und nach die heiße Milch angießen, dabei ständig kräftig mit dem Schneebesen rühren. Salzen und 15 Minuten bei niedriger Hitze köcheln lassen, dabei ständig weiterrühren.
5 Die Béchamelsauce zu den Pilzen geben und sorgfältig umrühren.
6 Die Pappardelle (zubereiten, wie auf Seite 181 beschrieben) in kochendem Salzwasser »al dente« kochen, abgießen und ebenfalls zu den Pilzen in die Pfanne geben. Parmesan darüberstreuen, pfeffern und bei starker Hitze noch 2 Minuten weitergaren.

Ruote mit Gemüse

Empfohlene Weine
Saar-Riesling, QbA, trocken (Deutschland)
Verdicchio dei Castelli di Jesi, Gavi (Italien)
Chablis (Frankreich)
Vinho verde (Portugal)

Zubereitungszeit
30 Minuten

240 g Ruote
1 mittelgroße Möhre
150 g grüne Bohnen
Salz
2 mittelgroße, reife Tomaten
6 EL Öl
1 mittelgroße Zucchini
½ TL Origano
schwarzer Pfeffer

1 Die Möhre in Scheibchen schneiden, die Bohnen putzen. Zusammen 4 Minuten in kochendem Salzwasser garen.
2 Die Tomaten überbrühen, dann häuten, entkernen und in Würfel schneiden. In 1 EL Öl 8 Minuten braten und mit einer Prise Salz würzen. Anschließend durch ein Sieb passieren.
3 Die Zucchini zuerst längs, dann quer halbieren. Anschließend in kleine Scheibchen schneiden. Etwa 4 Minuten in 2 EL Öl anbraten und mit Salz würzen.
4 Möhren und Bohnen abgießen, die Bohnen halbieren und mit den Möhren zu den Zucchini geben. Das restliche Öl hinzufügen und 4 Minuten schmoren lassen.
5 Die Ruote in reichlich Salzwasser »al dente« kochen und abgießen.
6 Zu dem Gemüse in die Pfanne geben, Origano und Pfeffer darüberstreuen. Noch 2 Minuten bei starker Hitze rühren und sofort servieren.

Pennette mit Zucchini

Empfohlene Weine
Nahe-Riesling, Kabinett, trocken (Deutschland)
Tocai del Collio, Soave (Italien)
Chablis (Frankreich)
Kalifornischer Pinot blanc (USA)

Zubereitungszeit
30 Minuten

240 g Pennette
4 mittelgroße Zucchini
6 EL Öl, Salz
1 EL gehackte Petersilie
schwarzer Pfeffer

1 Die Zucchini waschen und in feine Scheibchen schneiden.
2 Das Öl in einer großen Pfanne erhitzen, die Zucchini hineingeben und einige Minuten braten. Mit Salz würzen und bei mittlerer Hitze weiterbraten, bis die Zucchini knusprig braun sind.
3 Gleichzeitig die Pennette in kochendem Salzwasser »al dente« garen.
4 Abgießen und zu den Zucchini in die Pfanne geben. Petersilie und schwarzen Pfeffer darüberstreuen, alles gut mischen und servieren.

Fusilli mit Gemüse und Champignons

Empfohlene Weine
Müller-Thurgau vom Bodensee, Kabinett, trocken (Deutschland)
Pinot dell'Oltrepò pavese, Montecarlo bianco (Italien)
Bordeaux blanc (Frankreich)
Kalifornischer Gewürztraminer (USA)

Zubereitungszeit
30 Minuten

240 g Fusilli
1 Artischocke
Salz
80 g frische Champignons
½ rote Paprikaschote
8 EL Öl
2 EL geriebener Parmesan
schwarzer Pfeffer

1 Die äußeren, holzigen Blätter der Artischocke entfernen.
2 Die Artischocke halbieren, das Heu entfernen, in feine Streifen schneiden.
3 Die Artischockenstreifen in kochendes Salzwasser geben, nach 2 Minuten die geputzten und gewaschenen Pilze zufügen und 3 Minuten weiterkochen.
4 Die Paprikaschote über der Flamme (oder im Backofen) rösten.
5 Die Haut abziehen, die Schote halbieren, Kerne entfernen, zuerst in Streifen, anschließend in kleine Würfel schneiden.
6 Die Hälfte des Öls erhitzen, Paprika hineingeben, salzen und kurz anbraten.
7 Die Artischocken hinzufügen, leicht nachsalzen und weitergaren. Das Gemüse soll am Schluß noch knackig sein.
8 Die Fusilli in kochendem Salzwasser »al dente« garen. Abgießen, mit dem restlichen Öl, Käse und Pfeffer zu dem Gemüse in die Pfanne geben. Kräftig umrühren und servieren.

1

2

3

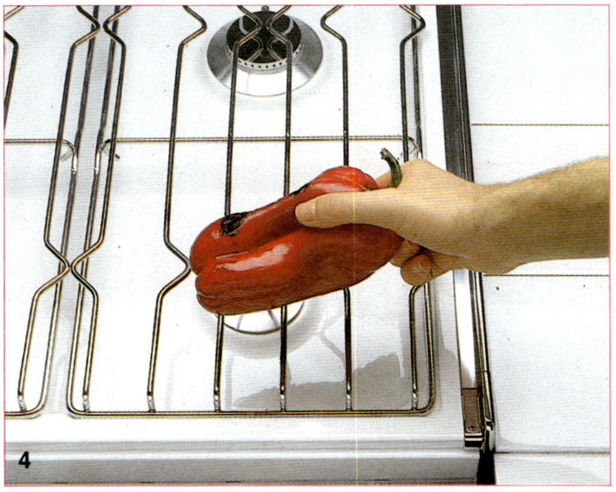
4

5

6

7

8

Penne mit schwarzen Oliven und Tomaten

Empfohlene Weine
Pfälzer Riesling, Kabinett, trocken (Deutschland)
Orvieto, Pinot di Franciacorta (Italien)
Fuissé (Frankreich)
Kalifornischer Chenin blanc (USA)

Zubereitungszeit
30 Minuten

240 g Penne
300 g reife Tomaten
6 EL Öl
Salz
100 g schwarze Oliven
½ EL Origano
*1 EL geriebener Pecorino**
4 Basilikumblättchen
schwarzer Pfeffer

1 Die Tomaten häuten und Kerne entfernen.
2 Die Tomaten grob hakken, in einer großen Pfanne in Öl anbraten und mit Salz würzen.
3 Nach 6 Minuten die entsteinten Oliven dazugeben, mit dem Origano würzen und weitere 5 Minuten schmoren lassen.
4 Die Penne in reichlich Salzwasser kochen und kurz vor Ende der Garzeit abseihen.
5 Zu den Tomaten und Oliven geben, Pecorino hineinstreuen und mit Pfeffer würzen. Bei starker Hitze unter ständigem Rühren 2 Minuten weitergaren.
6 In eine Servierschüssel geben und mit Basilikumblättchen garnieren.

Conchiglie mit Steinpilzen und Artischocken

<u>Empfohlene Weine</u>
Riesling von der Mittelmosel, Kabinett, trocken (Deutschland)
Pinot champenois dell'Oltrepò pavese, Sauvignon del Collio (Italien)
Elsässer Gewürztraminer (Frankreich)
Kalifornischer Johannisberg Riesling (USA)

<u>Zubereitungszeit</u>
30 Minuten

240 g Conchiglie
2 kleine Artischocken
8 EL Öl, 2 Knoblauchzehen
200 g frische Steinpilze
Salz und Pfeffer

1 Die äußeren Blätter der Artischocken entfernen. Anschließend halbieren, das Heu entfernen, in feine Streifen schneiden, waschen und abtrocknen.

2 6 EL Öl in einer Pfanne erhitzen, die Artischocken und 1 zerdrückte Knoblauchzehe hineingeben und 5 Minuten braten.

3 Die Steinpilze putzen, waschen, abtrocknen und in kleine Stücke schneiden.

4 Zu den Artischocken geben, mit Salz abschmecken und ca. 10 Minuten weitergaren, das Gemüse soll dabei knackig bleiben.

5 Die Nudeln in reichlich Salzwasser »al dente« kochen, abgießen und zu den Artischocken geben.

6 In einer anderen Pfanne das restliche Öl erhitzen, die zweite, gehackte Knoblauchzehe darin anbräunen und über die Conchiglie träufeln. Pfeffer darüberstreuen, gut durchmischen und servieren.

Ravioli mit Auberginenfüllung

Empfohlene Weine
Pfälzer Müller-Thurgau, QbA, halbtrocken (Deutschland)
Torbato, Torgiano bianco (Italien)
Meursault (Frankreich)
Kalifornischer Chardonnay (USA)

Zubereitungszeit
1 Stunde und 30 Minuten

600–800 g Ravioli, hergestellt aus frischem Nudelteig (Seite 180)
Salz
50 g Butter
½ TL Thymian

Für den Nudelteig
250 g Weizenmehl
1 EL Öl
3 Eier
Salz

Für die Füllung
½ Zwiebel
300 g Auberginen
80 g Butter
Salz
2 kleine Zucchini
*60 g Ricotta**
60 g frischer Ziegenkäse
1 Ei

1 Die Zwiebel sehr fein hacken, die Auberginen schälen und würfeln.
2 Die Hälfte der Butter in einer Pfanne erhitzen, die Zwiebeln und Auberginen dazugeben, salzen und bißfest garen.
3 Die Zucchini in Stäbchen schneiden, in einer kleinen Pfanne mit der restlichen Butter so lange braten, bis sie knusprig sind.
4 Die Auberginen und die Hälfte der Zucchini durch ein Sieb streichen.
5 Das passierte Gemüse mit dem Ricotta, Ziegenkäse und Ei in eine Schüssel geben, mit Salz abschmecken und zu einem homogenen Teig verarbeiten.
6 Den vorbereiteten Nudelteig in kleine Rechtecke schneiden. Etwas Füllung in die Mitte setzen und die Teigblättchen wie ein Bonbon einrollen.
7 Die Ravioli in kochendem Salzwasser garen, abgießen und auf flache Teller verteilen.
8 Mit geschmolzener Butter beträufeln, Thymian darüberstreuen und mit den Zucchinistäbchen garnieren.

Tagliatelle mit Hallimasch

Empfohlene Weine
Mittelbadischer Riesling, Kabinett, trocken (Deutschland)
Terlaner aus Südtirol, Sauvignon del Collio (Italien)
Montrachet (Frankreich)
Kalifornischer Johannisberg Riesling (USA)

Zubereitungszeit
1 Stunde

320 g Tagliatelle, hergestellt aus frischem Nudelteig (Seite 180)
300 g frische Hallimasch (oder andere frische Pilze)
Salz, 60 g Butter
1 Knoblauchzehe
2 EL geriebener Parmesan
1 EL gehackte Petersilie
1 Prise Pfeffer

Für den Nudelteig
280 g Weizenmehl
3 Eier
Salz

1 Die Pilze waschen und putzen.
2 In kochendem Salzwasser 4 Minuten garen.
3 Die Pilze abtropfen lassen, in kleine Stücke schneiden.
4 Butter in einer Pfanne erhitzen, die zerdrückte Knoblauchzehe und die Pilze dazugeben. Gut rühren, leicht salzen und 20 Minuten garen.
5 Die bereits zubereiteten Tagliatelle in Salzwasser »al dente« kochen und abgießen.
6 Zu den Pilzen in die Pfanne geben, Parmesan, Petersilie und Pfeffer hinzufügen, mischen und servieren.

Trenette mit Basilikumsauce

Empfohlene Weine
Rheinhessischer Kerner, QbA, trocken (Deutschland)
Sauvignon del Collio, Silvaner aus Südtirol (Italien)
Montrachet (Frankreich)
Kalifornischer Johannisberg Riesling (USA)

Zubereitungszeit
40 Minuten
(plus 30 Minuten zum Herstellen der Basilikumsauce)

260 g Trenette
150 g Kartoffeln
50 g grüne Bohnen
Salz
8 EL Basilikumsauce (Seite 178)
*2 EL geriebener Pecorino**

1 Die Kartoffeln schälen, waschen und in Würfel schneiden. Die Bohnen putzen und waschen.
2 Beide in Salzwasser »al dente« kochen, herausnehmen und warm stellen.
3 Im selben Kochwasser die Trenette »al dente« garen.
4 Abgießen, mit dem warmen Gemüse, der Basilikumsauce und dem Pecorino gut mischen.

Maccheroncini mit Auberginen

Empfohlene Weine
Riesling von der unteren Mosel, Kabinett, trocken (Deutschland)
Frascati, Bianchello del Metauro (Italien)
Chassagne Montrachet (Frankreich)
Kalifornischer Johannisberg Riesling (USA)

Zubereitungszeit
1 Stunde

240 g Maccheroncini
400 g Auberginen
12 EL Öl
1 Knoblauchzehe
300 g Tomaten
Salz
1 EL gehacktes Basilikum
*2 EL geriebener Ricotta**
Pfeffer

1 Die Auberginen schälen und in 1 cm große Würfel schneiden.
2 In einer großen Pfanne die Hälfte des Öls mit der zerdrückten Knoblauchzehe erhitzen. Die Auberginen dazugeben und rundum leicht anbraten.
3 Die Tomaten häuten, Kerne entfernen und klein hacken.
4 Das restliche Öl in einer anderen Pfanne erhitzen, die Tomaten dazugeben und 5 Minuten bei starker Hitze eindicken lassen. Salzen, Basilikum hineingeben und 1 Minute weitergaren.
5 Die Maccheroncini in Salzwasser »al dente« kochen, abtropfen lassen und mit den Tomaten zu den Auberginen geben.
6 Den Ricotta darüberstreuen, mit Pfeffer abschmecken und alles gut mischen.

Bucatini mit Artischocken

Empfohlene Weine
Fränkischer Rieslaner, Kabinett, trocken (Deutschland)
Pinot Grigio aus Südtirol, Regaleali bianco (Italien)
Bourgogne blanc (Frankreich)
Kalifornischer Chardonnay (USA)

Zubereitungszeit
45 Minuten

240 g Bucatini
4 Artischocken
1 Zitrone
8 EL Öl
1 Knoblauchzehe
Salz
1 EL gehackte Petersilie
schwarzer Pfeffer
*1 EL geriebener Pecorino**

1 Die Artischocken säubern, die äußeren Blätter entfernen und die Spitzen der verbliebenen Blätter stutzen.
2 Die Artischocken zunächst halbieren, das Heu entfernen und anschließend in dünne Spalten schneiden. Sofort in Wasser legen, das mit dem Saft der Zitrone gesäuert wurde, damit sie sich nicht verfärben.
3 Öl in einer weiten Pfanne erhitzen, die zerdrückte Knoblauchzehe darin anbraten.
4 Sobald der Knoblauch etwas Farbe angenommen hat, die abgetropften Artischockenspalten hineingeben, salzen und ca. 20 Minuten garen. Während des Garvorganges etwas Wasser in die Pfanne gießen.
5 Die Bucatini in Salzwasser »al dente« kochen und abgetropft zu den Artischocken geben. Petersilie, Pfeffer und den Pecorino hinzufügen. Alles gut mischen und servieren.

Spaghettini mit Knoblauch, Olivenöl und Pfefferschote

Empfohlene Weine
Rheinhessischer Silvaner, QbA, trocken (Deutschland)
Martinafranca bianco, Torbato (Italien)
Sancerre (Frankreich)
Kalifornischer Sauvignon blanc (USA)

Zubereitungszeit
20 Minuten

320 g Spaghettini
4 Knoblauchzehen
12 EL Olivenöl
½ rote Pfefferschote
Salz
1 EL gehackte Petersilie

1 Den Knoblauch schälen und sehr fein wiegen. Das Öl in einer großen Pfanne erhitzen und den Knoblauch hineingeben.

2 Die Pfefferschote in feine Streifchen schneiden, ebenfalls in die Pfanne geben und bei niedriger Hitze 2 Minuten braten.

3 Die Spaghettini in Salzwasser garen und bereits kurz vor Ende der Garzeit abgießen.

4 Ebenfalls in die Pfanne geben und mit der Petersilie bestreuen. Bei starker Hitze 2 Minuten rühren und servieren.

Spaghettini mit Trüffeln und Spargel

Empfohlene Weine
Rheingauer Riesling, Kabinett, trocken (Deutschland)
Pinot di Franciacorta, Riesling renano dei Colli Orientali del Friuli (Italien)
Elsässer Gewürztraminer (Frankreich)
Kalifornischer Sauvignon blanc (USA)

Zubereitungszeit
40 Minuten

240 g Spaghettini
500 g grüne, kleine Spargelstangen
Salz, 60 g Butter
2 EL geriebener Parmesan
Pfeffer
60 g schwarze Trüffeln

1 Den Spargel putzen, waschen und zu Bündeln zusammenbinden.
2 In kochendem Salzwasser garen, die Spargelstangen müssen aber sehr knackig bleiben.
3 Die Spargelspitzen abschneiden und in 20 g Butter bei mittlerer Hitze 3 Minuten garen.
4 Die Spaghettini in kochendem Salzwasser »al dente« kochen und abgießen.
5 Die restliche Butter in einer Pfanne zerlassen, die Spaghettini dazugeben, mit Parmesan und Pfeffer bestreuen und auf Tellern verteilen.
6 Die Spargelspitzen fächerartig auf den Tellern anrichten. Die Spaghettini mit hauchdünn gehobelten Trüffelscheibchen garnieren.

Farfalle mit roter Sahnesauce

Empfohlene Weine
Badisch Rotgold, Kabinett (Deutschland)
Tocai del Collio, Pinot dell'Oltrepò pavese (Italien)
Bordeaux blanc (Frankreich)
Chenin blanc (Neuseeland)

Zubereitungszeit
30 Minuten

240 g Farfalle
40 g Butter
½ Zwiebel
100 ml Weißwein
300 g gekochte rote Bete
1 TL Zitronensaft
6 EL Sahne
Salz
2 EL geriebener Parmesan
schwarzer Pfeffer
10 Basilikumblättchen

1 In einer Pfanne 20 g Butter erhitzen, die in feine Streifen geschnittene Zwiebel 3 Minuten darin braten.
2 Den Wein angießen und nach 3 Minuten die geschälten, gewürfelten rote Bete hineingeben. 5 Minuten weitergaren.
3 Die rote Bete mit dem Zitronensaft und der Sahne in den Mixer geben und zu einer cremigen Sauce pürieren.
4 Die Farfalle in Salzwasser »al dente« kochen, abgießen.
5 Die rote Sahnesauce in eine Pfanne gießen, die restliche Butter dazugeben, köcheln lassen. Nach 3 Minuten die Farfalle hinzufügen.
6 Mit dem Parmesan bestreuen, pfeffern und 2 Minuten bei starker Hitze fertiggaren. Die Farfalle in eine Suppenschüssel füllen und mit dem zerkleinerten Basilikum garnieren.

Heu und Stroh

Empfohlene Weine
Rheinhessischer Weißburgunder, Kabinett, trocken (Deutschland)
Orvieto, Pinot bianco del Collio (Italien)
Bourgogne blanc (Frankreich)
Kalifornischer Chenin blanc (USA)

Zubereitungszeit
1 Stunde

Je 200 g gelbe und grüne Tagliolini, hergestellt aus frischem Nudelteig (Seite 180)
40 g Butter
150 ml Sahne
Salz
2 EL geriebener Parmesan

Für den Nudelteig
150 g Weizenmehl
150 g Hartweizengrieß
3 Eier, 200 g Spinat
Salz

1 Die Tagliolini (zubereiten, wie auf Seite 181 beschrieben) in reichlich kochendes Salzwasser geben, »al dente« kochen und abgießen.

2 Butter in einer großen Pfanne erhitzen, die Sahne und etwas Salz hineingeben und 2 Minuten eindicken lassen.

3 Die gelben und die grünen Tagliolini dazugeben, mit Parmesan bestreuen und 2 Minuten bei starker Hitze unter Rühren fertiggaren. Sofort servieren.

Grüne Tagliatelle, überbacken

Empfohlene Weine
Fränkischer Müller-Thurgau, Kabinett, trocken (Deutschland)
Trebbiano di Romagna, Frascati (Italien)
Pinot d'Alsace (Frankreich)
Kalifornischer Pinot blanc (USA)

Zubereitungszeit
1 Stunde und 10 Minuten

400 g grüne Tagliatelle, hergestellt aus frischem Nudelteig (Seite 180)
80 g Butter
40 g Weizenmehl
300 ml kochendheiße Milch
Pfeffer und Salz
6 EL geriebener Parmesan

Für den Nudelteig
150 g Weizenmehl
150 g Hartweizengrieß
400–500 g Spinat
3 Eier
Salz

1 40 g Butter in einer kleinen Pfanne zerlassen, das Mehl dazugeben und unter Rühren anschwitzen. Die Milch angießen, 10 Minuten köcheln lassen, dabei ständig kräftig rühren. Mit Pfeffer abschmecken.
2 Die bereits vorbereiteten grünen Tagliatelle (Seite 181) in Salzwasser kochen. Kurz vor Ende der Garzeit abgießen.
3 Eine feuerfeste Auflaufform ausbuttern, ein Drittel der Tagliatelle hineinschichten, ein Drittel der Béchamelsauce darübergießen und mit Parmesan bestreuen. So fortfahren, bis die Zutaten aufgebraucht sind.
4 Mit Butterflöckchen belegen und 8 Minuten im vorgeheizten Backofen (180 °C) überbacken.

Tagliolini mit frischen Steinpilzen

Empfohlene Weine
Badischer Grauburgunder, Kabinett, trocken (Deutschland)
Pinot bianco di Franciacorta,
Pinot grigio aus Südtirol (Italien)
Montrachet (Frankreich)
Kalifornischer Chardonnay (USA)

Zubereitungszeit
1 Stunde

300 g Tagliolini, hergestellt aus frischem Nudelteig (Seite 180)
300 g frische Steinpilze
8 EL Öl
Salz
1 Knoblauchzehe
1 EL gehackte Petersilie
6 Basilikumblättchen
1 EL geriebener Parmesan
schwarzer Pfeffer

Für den Nudelteig
150 g Weizenmehl
150 g Hartweizengrieß
3 Eier
Salz

1 Die Pilze gründlich waschen, gut trockentupfen und anschließend in Scheiben schneiden.
2 5 EL Öl erhitzen und die Pilze darin anbraten. Sie dürfen nicht zu weich werden. Mit Salz würzen.
3 Einen großen Topf mit Salzwasser aufsetzen. Sobald das Wasser aufkocht, die vorbereiteten Tagliolini (Seite 181) hineingeben, 3 Minuten kochen und abgießen (industriell gefertigte Nudeln benötigen 6 Minuten).
4 In einer kleinen Pfanne das restliche Öl erhitzen, den kleingeschnittenen Knoblauch bei niedriger Hitze 2 Minuten leicht anbräunen.
5 Die Tagliolini zu den heißen Pilzen in die Pfanne geben. Die Hitze niedrig halten, Öl mit Knoblauch, Petersilie, Basilikum und Parmesan dazugeben und gut durchmischen. Falls erforderlich, etwas Nudel-Kochwasser dazugeben. Die Tagliolini mit frisch gemahlenem Pfeffer bestreuen.

Pasta mit Käse und Ei

Spaghetti mit frischem Pecorino

Empfohlene Weine
Mosel-Riesling, QbA, trocken (Deutschland)
Torbato, Montecarlo bianco (Italien)
Meursault (Frankreich)
Kalifornischer Chardonnay (USA)

Zubereitungszeit
40 Minuten

240 g Spaghetti
4 EL Öl
1 Knoblauchzehe
250 g reife Tomaten
Salz
1 EL gehacktes Basilikum
1 ½ EL gehackte Petersilie
schwarzer Pfeffer
20 g Butter
*100 g frischer Pecorino sardo**

1 Öl in einer Pfanne erhitzen, die zerdrückte Knoblauchzehe darin anbräunen.
2 Die enthäuteten, von Kernen befreiten und kleingeschnittenen Tomaten hineingeben, salzen und 15 Minuten braten.
3 Basilikum und Petersilie waschen und zusammen fein hacken.
4 Zu den Tomaten in die Pfanne geben und 3 Minuten weitergaren.
5 Die Spaghetti in reichlich Salzwasser kochen, kurz vor Ende der Garzeit abgießen und mit der Tomatensauce mischen. Mit reichlich Pfeffer würzen. Feuerfestes Geschirr mit Butter einfetten und die Spaghetti hineingeben.
6 Den Käse in dünne Scheiben schneiden und auf den Spaghetti verteilen. Im heißen Backofen (160 °C) lassen, bis der Käse geschmolzen ist.

Gnocchi mit Sahnesauce

Empfohlene Weine
Pfälzer Müller-Thurgau, Kabinett, trocken (Deutschland)
Tocai del Collio,
Spumante champenois del Trentino (Italien)
Champagne (Frankreich)
Kalifornischer Blanc de blancs (USA)

Zubereitungszeit
1 Stunde und 15 Minuten

600 g Kartoffeln
Salz
100 g Weizenmehl
60 g geriebener Parmesan
*100 g Fontina**
200 g Sahne
Salz

1 Die ungeschälten Kartoffeln in Salzwasser weich kochen. Pellen und durch ein Sieb streichen, die Kartoffelmasse etwas abkühlen lassen und anschließend mit dem Mehl verkneten.
2 Den Kartoffelteig in kleine Portionen aufteilen und daraus ca. 2,5 cm dicke Röllchen formen.
3 Diese in ca. 3 cm lange Stückchen schneiden und einzeln über die Zinken einer Gabel rollen. Dabei eine leichte Vertiefung in die Mitte drücken.
4 Die Gnocchi in kochendes Salzwasser geben. Mit dem Schaumlöffel herausheben, sobald sie an die Oberfläche steigen.
5 In eine feuerfeste Form füllen und mit dem Parmesan bestreuen. Den in Scheiben geschnittenen Fontina darauflegen und mit der Sahne begießen.
6 In den sehr heißen Backofen (220 °C) schieben und gratinieren, bis sich eine knusprig-braune Oberfläche gebildet hat.

Gnocchi Pariser Art

Empfohlene Weine
Rheinhessischer Ruländer, Kabinett, trocken (Deutschland)
Ribolla dei Colli Orientali del Friuli,
Pinot grigio aus Südtirol (Italien)
Pouilly Fuissé (Frankreich)
Kalifornischer Chenin blanc (USA)

Zubereitungszeit
50 Minuten

200 ml Wasser
120 g Butter, Salz
200 g Mehl, 4 Eier
Muskatnuß, 10 EL Sauce Mornay (Seite 178)

1 Das Wasser mit 80 g Butter und einer Prise Salz in einer hochwandigen Kasserolle zum Kochen bringen.
2 Vom Herd nehmen, sobald die Butter vollständig geschmolzen ist. Nach und nach das Mehl unter ständigem Rühren einstreuen. Lauwarm abkühlen lassen.
3 Einzeln die Eier sorgfältig unterrühren. Mit einer Prise Muskatnuß abschmecken.
4 Den Teig in einen Spritzbeutel füllen, dessen Tülle 2 cm Durchmesser hat, und 3 cm lange Gnocchi direkt in sprudelndes Salzwasser gleiten lassen. 15 Minuten kochen und abgießen.
5 In einem kleinen Töpfchen die restliche Butter erhitzen. Sobald sie eine schöne, nußbraune Farbe angenommen hat, über die Gnocchi gießen.
6 Eine Auflaufform leicht ausbuttern, die Gnocchi hineinschichten und mit der Sauce Mornay bedecken. Im vorgeheizten Ofen bei 200 °C etwa 10 Minuten überbacken, bis sich eine knusprig-braune Kruste gebildet hat.

Bologneser Tortelloni

Empfohlene Weine
Württemberger Riesling, QbA, halbtrocken (Deutschland)
Tocai del Collio, Pinot dell'Oltrepò pavese (Italien)
Mersault (Frankreich)
Kalifornischer Chardonnay (USA)

Zubereitungszeit
1 Stunde und 10 Minuten

600–800 g Tortelloni, hergestellt aus frischem Nudelteig (Seite 180)
1 Eiweiß
½ Zwiebel
1 EL Öl
300 g reife Tomaten
1 Prise Zucker, Salz
60 g Butter, 4 EL Parmesan

Für den Nudelteig
120 g Hartweizengrieß
120 g Weizenmehl
2 Eier

Für die Füllung
1 Ei
Muskatnuß, Salz
schwarzer Pfeffer
2 EL gehackte Petersilie
*250 g Ricotta**
60 g geriebener Parmesan

1 Den Nudelteig zubereiten und mit einem gezackten Förmchen Kreise von 7 cm Durchmesser ausstechen.
2 In einer Schüssel das Ei mit Muskatnuß, Salz, Pfeffer, Petersilie und Parmesan verquirlen. Den Ricotta zugeben und zu einem gleichmäßigen Teig verarbeiten.
3 In die Mitte eines jeden Teigblättchens etwas Füllung setzen, die Ränder mit Eiweiß anfeuchten, zusammenklappen und leicht festdrücken.
4 Die Zwiebel in sehr feine Streifen schneiden.
5 Das Öl in einer Pfanne erhitzen und die Zwiebel 3 Minuten bei mittlerer Hitze dünsten. Die gehäuteten, entkernten und zerkleinerten Tomaten hineingeben.
6 10 Minuten schmoren lassen. Mit Zucker und Salz würzen. Die Butter zugeben und weitere 15 Minuten garen.
7 Die Tortelloni in kochendem Salzwasser garen und gut abtropfen lassen.
8 Auf Teller verteilen, mit Parmesan bestreuen und mit Tomatensauce beträufeln.

1

2

3

4

5

6

7

8

Grießgnocchi

Empfohlene Weine
Markgräfler Gutedel, Kabinett, trocken (Deutschland)
Orvieto, Soave (Italien)
Pouilly Fumé (Frankreich)
Kalifornischer Chardonnay (USA)

Zubereitungszeit
1 Stunde (plus 2 Stunden zum Auskühlen des Grießes)

½ l Milch
100 g Butter
Salz
200 g Hartweizengrieß
4 EL geriebener Parmesan
*1 EL geriebener Sbrinz**

1 Die Milch mit einem Drittel der Butter und einer Prise Salz erhitzen.

2 Sobald sie kocht, langsam den Weizengrieß einrieseln lassen, dabei ständig rühren, damit sich keine Klümpchen bilden. 20 Minuten kochen, öfters umrühren.

3 Den Topf vom Herd nehmen und 2 EL Parmesan unterrühren.

4 Die Grießmasse auf einen angefeuchteten großen Teller gießen und zu einer gleichmäßigen, 6 mm dicken Platte glattstreichen.

5 Den Grieß 2 Stunden auskühlen lassen. Anschließend Kreise von 4 cm Durchmesser ausstechen.

6 Eine ofenfeste Form ausbuttern, die Gnocchi dachziegelartig darin anordnen, mit Parmesan bestreuen.

7 Die restliche Butter zerlassen und über die Gnocchi träufeln.

8 Mit dem Sbrinz bestreuen und bei 200 °C ca. 10 Minuten gratinieren.

Maccheroni mit Ei

Empfohlene Weine
Frühburgunder Weißherbst von der Ahr, QbA, trocken (Deutschland)
Rosato del Salento, Terlaner aus Südtirol (Italien)
Rosé de Loire (Frankreich)
Kalifornischer Chenin blanc (USA)

Zubereitungszeit
20 Minuten

240 g Maccheroni
40 g Butter
2 Eier, 1 Eigelb
Salz
2 EL gehackte Petersilie
4 EL geriebener Parmesan

1 Die Maccheroni in reichlich gesalzenem Wasser kochen, abgießen, solange sie noch sehr »al dente« sind.

2 Die Butter in einer weiten Pfanne zerlassen, die Nudeln dazugeben und vorsichtig verrühren.

3 In einer Schüssel die Eier und das Eigelb mit einer Prise Salz, gehackter Petersilie und 2 EL Parmesan verquirlen.

4 Die Eimasse über die Maccheroni gießen und bei niedriger Hitze ½ Minute rühren, bis die Eier gerade stocken.

5 Mit dem restlichen Parmesan bestreuen, durchmischen und servieren.

Cannelloni mit Ricotta-Schinken-Füllung

<u>Empfohlene Weine</u>
Nahe-Riesling, QbA, trocken (Deutschland)
Montecarlo bianco,
Ribolla dei Colli Orientali del Friuli (Italien)
Meursault (Frankreich)
Kalifornischer Chenin blanc (USA)

<u>Zubereitungszeit</u>
1 Stunde und 10 Minuten

600–800 g Cannelloni, hergestellt aus frischem Nudelteig (Seite 180)
Salz
1 EL Öl
40 g Butter
40 g Weizenmehl
300 ml kochendheiße Milch
Pfeffer

Für den Nudelteig
200 g Weizenmehl
100 g Hartweizengrieß
3 Eier

Für die Füllung
*200 g frischer Ricotta**
3 EL Parmesan
100 g gekochter Schinken
Salz und schwarzer Pfeffer

1 Aus den angegebenen Zutaten den Teig bereiten, sehr dünn ausrollen und 10 cm große Quadrate ausschneiden.
2 Die Teigblätter in kochendes Salzwasser geben, dem 1 EL Öl zugesetzt wurde, damit sie nicht aneinanderkleben. Vorsichtig herausheben, solange sie noch sehr »al dente« sind, und auf einem Küchentuch ausbreiten.
3 In einer Schüssel Ricotta, Parmesan und den in Streifen geschnittenen Schinken miteinander vermischen und mit Salz und Pfeffer abschmecken.
4 Diese Füllung auf die Teigblätter verteilen und einrollen (Seite 182).
5 Butter in einer Pfanne zerlassen, das Mehl unter ständigem Rühren anschwitzen. Die Milch angießen und 10 Minuten köcheln lassen. Mit etwas Pfeffer abschmecken.
6 Die Cannelloni in eine ausgebutterte, ofenfeste Form legen, mit der Béchamelsauce begießen und bei 150 °C 8 Minuten gratinieren. Sofort servieren.

Maccheroncini mit Käse

Empfohlene Weine
Fränkischer Müller-Thurgau, QbA, trocken (Deutschland)
Pinot spumante di Franciacorta,
Greco di Tufo (Italien)
Chassagne Montrachet (Frankreich)
Kalifornischer Chenin blanc (USA)

Zubereitungszeit
30 Minuten

240 g Maccheroncini
Salz, 30 g Butter
*50 g Gorgonzola**
*40 g Fontina**
40 g Emmentaler
4 EL geriebener Parmesan
schwarzer Pfeffer

1 Die Maccheroncini in reichlich gesalzenem Wasser kochen. Bereits kurz vor Beendigung der Garzeit abgießen.
2 Abtropfen lassen und in eine ausgebutterte Auflaufform geben.
3 Gorgonzola, Fontina und Emmentaler in kleine Würfel schneiden und über die Maccheroncini verteilen.
4 In den vorgeheizten Backofen (150 °C) schieben.
5 Nach 6 Minuten herausnehmen. Butter dazugeben, mit Parmesan und Pfeffer bestreuen. Auf den Herd stellen, 2 Minuten bei starker Hitze rühren und servieren.

Maccheroncini mit Mascarpone

Empfohlene Weine
Müller-Thurgau vom Bodensee, Kabinett, halbtrocken (Deutschland)
Soave, Terlaner aus Südtirol (Italien)
Graves blanc (Frankreich)
Kalifornischer Chardonnay (USA)

Zubereitungszeit
20 Minuten

260 g Maccheroncini
Salz
3 Eigelb
6 EL geriebener Parmesan
*100 g Mascarpone**
Pfeffer
Muskatnuß

1 Die Maccheroncini in Salzwasser »al dente« kochen und abgießen.
2 Die zuvor leicht angewärmten Eigelb in einer vorgewärmten Suppenschüssel mit dem Parmesan verrühren.
3 Die Schüssel auf ein nicht zu heißes Wasserbad setzen.
4 Den Mascarpone hineingeben, mit reichlich Pfeffer und etwas Muskatnuß abschmecken und vermischen.
5 Die heißen Maccheroncini hinzufügen. Auf dem heißen Wasserbad gut durchmischen und das Gericht anschließend sofort servieren.

Crespelle mit Spinat-Ricotta-Füllung

Empfohlene Weine
Fränkischer Silvaner, QbA, trocken (Deutschland)
Orvieto, Lugana (Italien)
Chablis (Frankreich)
Kalifornischer Chardonnay (USA)

Zubereitungszeit
1 Stunde und 10 Minuten

3 Eier
50 g Butter
Salz
300 ml Milch
5 EL Weizenmehl

Für die Füllung
300 g Spinat oder junger Mangold
Salz
*240 g frischer Ricotta**
1 EL geriebener Parmesan
Pfeffer

Für die Sauce
2 reife Tomaten
1 kleines Rosmarinzweiglein
Salz
40 g Butter
16 Basilikumblättchen

1 Für die Crespelle (Seite 185) die Eier in eine Schüssel geben. 20 g zerlassene Butter, Salz, die Milch sowie nach und nach das Mehl zufügen und mit einem Schneebesen gut verrühren.
2 Ein Eisenpfännchen von ca. 14 cm Durchmesser oder eine beschichtete Pfanne mit wenig Butter einfetten und etwas Teig hineingießen.
3 Bei niedriger Hitze hellbraune, dünne Pfannkuchen ausbacken, insgesamt 12 Stück.
4 Den Spinat in Salzwasser weich kochen, ausdrücken und grob zerkleinern. Mit Ricotta, Parmesan, frisch gemahlenem Pfeffer und etwas Salz in einer Schüssel gut vermischen.
5 Die Crespelle damit belegen und wie Cannelloni einrollen.
6 Die Tomaten grob zerkleinern, mit dem Rosmarin und einer Prise Salz 12 Minuten schmoren lassen.
7 Durch ein Sieb in einen kleinen Topf passieren, Butter und 4 Basilikumblättchen dazugeben und weitere 3 Minuten garen.
8 Eine ofenfeste Form einbuttern, die Crespellerollen hineinlegen und 8 Minuten im vorgeheizten Backofen (150 °C) überbacken. Auf Teller verteilen, mit der Tomatensauce nappieren und mit den Basilikumblättchen garnieren.

1

2

3

4

5

6

7

8

Maccheroni überbacken

Empfohlene Weine
Württembergischer Kerner, Kabinett, trocken (Deutschland)
Tocai del Collio, Vernaccia di San Gimignano (Italien)
Sancerre (Frankreich)
Kalifornischer Sauvignon blanc (USA)

Zubereitungszeit
30 Minuten

240 g Maccheroni
Salz
50 g Butter
40 g Mehl
300 ml kochendheiße Milch
Pfeffer
4 EL geriebener Parmesan
2 Eigelb

1 40 g Butter zerlassen, das Mehl unter Rühren darin anschwitzen. Die Milch angießen und 10 Minuten kochen. Mit Pfeffer würzen, die Béchamelsauce warm stellen, gelegentlich umrühren.
2 Die Maccheroni in kochendes Salzwasser geben und kurz vor Ende der Garzeit abgießen.
3 Die Béchamelsauce wieder auf die Kochplatte stellen, Parmesan dazugeben und 2 Minuten rühren. Den Topf vom Herd nehmen und die Eigelb unterziehen.
4 Die Maccheroni in einer Schüssel sorgfältig mit der Béchamelsauce mischen.
5 Eine feuerfeste Form einbuttern, die Maccheroni hineingeben und bei 240 °C 8 Minuten überbacken, bis sich eine goldbraune Kruste gebildet hat.
6 Aus dem Ofen nehmen und auf vorgewärmte Teller verteilen.

Spaghetti mit Pecorino

Empfohlene Weine
Badischer Nobling, Kabinett, trocken (Deutschland)
Frascati, Lugana (Italien)
Pouilly Fuissé (Frankreich)
Kalifornischer Chardonnay (USA)

Zubereitungszeit
20 Minuten

280 g Spaghetti
Salz
*6 EL milder, geriebener Pecorino**
schwarzer Pfeffer

1 Die Spaghetti in Salzwasser »al dente« kochen.

2 Abgießen, dabei etwas Kochwasser auffangen und mit den Spaghetti in eine gut erwärmte Schüssel geben.

3 Den Pecorino über die Spaghetti streuen, gut vermischen. Falls nötig, etwas Kochwasser hinzufügen.

4 Mit reichlich Pfeffer bestreuen, nochmals mischen und sofort servieren.

Tortelli aus Piacenza

Empfohlene Weine
Rheinhessischer Bacchus, Kabinett, trocken (Deutschland)
Pinot grigio aus Südtirol,
Trebbiano di Romagna (Italien)
Bordeaux blanc (Frankreich)
Kalifornischer Chenin blanc (USA)

Zubereitungszeit
1 Stunde und 10 Minuten

600–800 g Tortelli, hergestellt aus frischem Nudelteig (Seite 180)
Salz
2 EL geriebener Parmesan
60 g Butter

Für den Nudelteig
150 g Hartweizengrieß
150 g Weizenmehl
3 Eier

Für die Füllung
400 g Spinat
1 Ei, Muskatnuß
Salz und Pfeffer
*150 g frischer Ricotta**
*100 g Mascarpone**
50 g geriebener Parmesan

1 Den Teig zubereiten und Rhomben von 7 cm Seitenlänge ausschneiden.
2 Den Spinat weich kochen, ausdrücken und grob zerkleinern.
3 In einer Schüssel das Ei, Muskatnuß, Salz und Pfeffer mit einer Gabel verquirlen. Ricotta, Mascarpone, Parmesan und Spinat hinzufügen und alles gut vermischen.
4 Auf jedes Teigplättchen in die Mitte 1 TL Füllung setzen.
5 Die Teigplättchen in der Mitte umklappen und seitlich andrücken. Dann die beiden seitlichen Enden über die Füllung legen und zusammendrücken.
6 Die Tortelli in kochendem Salzwasser »al dente« kochen und abgießen.
7 Auf vorgewärmten Tellern anrichten und mit dem Parmesan bestreuen.
8 Die Butter erhitzen, bis sie eine goldbraune Farbe annimmt, über die Tortelli träufeln und servieren.

1

2

3

4

5

6

7

8

Fettuccine mit Butter und Parmesan

Empfohlene Weine
Fränkischer Silvaner, QbA, trocken (Deutschland)
Pinot spumante del Trentino, Orvieto (Italien)
Champagne (Frankreich)
Kalifornischer Blanc de Blancs (USA)

Zubereitungszeit
1 Stunde

400 g Fettuccine, hergestellt aus frischem Nudelteig (Seite 180), Salz
100 g Butter
100 g geriebener Parmesan

Für den Nudelteig
100 g Weizenmehl
150 g Hartweizengrieß
3 Eier, 1 Eigelb, Salz

1 Die bereits vorbereiteten Fettuccine (Seite 181) in Salzwasser »al dente« kochen.
2 Abgießen, jedoch nicht völlig abtropfen lassen. Vorsichtshalber etwas Kochwasser auffangen.
3 Die Butter in eine sehr gut vorgewärmte Schüssel geben, die heißen Fettuccine und den Parmesan hinzufügen.
4 Alles miteinander gut vermischen. Falls erforderlich, noch etwas heißes Kochwasser hineingeben und sofort servieren.

Fusilli überbacken

Empfohlene Weine
Badischer Gewürztraminer, Kabinett, trocken (Deutschland)
Ischia bianco, Vernaccia di San Gimignano (Italien)
Graves blanc (Frankreich)
Kalifornischer Chenin blanc (USA)

Zubereitungszeit
30 Minuten

240 g Fusilli
300 g reife Tomaten, 6 EL Öl
Salz und schwarzer Pfeffer
*80 g Mozzarella**
*2 EL geriebener Pecorino**
1 Prise Origano

1 Die Tomaten enthäuten, von den Kernen befreien und grob zerkleinern.

2 Mit dem Öl in eine Pfanne geben, salzen und 10 Minuten schmoren lassen.

3 Mit Pfeffer abschmecken. Den in feine Scheiben geschnittenen Mozzarella, den geriebenen Pecorino und Origano zufügen.

4 Ohne Deckel weitere 4 Minuten garen.

5 Die Fusilli in reichlich Salzwasser »al dente« kochen und abgießen.

6 Zu den Tomaten geben und gut durchmischen. In eine feuerfeste Form füllen, 4 Minuten bei 180 °C gratinieren und heiß servieren.

Grüne Tagliatelle mit Käsesauce

Empfohlene Weine
Württemberger Silvaner, QbA, trocken (Deutschland)
Lugana, Torgiano bianco (Italien)
Pouilly Fuissé (Frankreich)
Kalifornischer Pinot blanc (USA)

Zubereitungszeit
1 Stunde (plus 1 Stunde zum Vorbereiten des Käses)

300 g grüne Tagliatelle, hergestellt aus frischem Nudelteig (Seite 180/181)
100 g Emmentaler
*100 g Fontina**
100 ml Milch, 20 g Butter
1 Eigelb, Salz
2 EL geriebener Parmesan
Pfeffer

Für den Nudelteig
150 g Weizenmehl
150 g Hartweizengrieß
200 g Spinat
3 Eier, Salz

1 Emmentaler und Fontina in kleine Würfel schneiden, mit Milch und Butter in eine große Pfanne geben und 1 Stunde ruhen lassen.
2 Anschließend die Pfanne auf die Kochplatte stellen und den Käse bei sehr niedriger Hitze schmelzen, dabei mit einem Schneebesen rühren. Das Eigelb unterziehen und 3 Minuten weiterrühren.
3 Die vorbereiteten Tagliatelle (Seite 181) in reichlich Salzwasser 3–4 Minuten kochen (diese Angabe gilt für hausgemachte Tagliatelle; industriell gefertigte benötigen 6 Minuten). Abtropfen.
4 Die Nudeln zu dem geschmolzenen Käse in die Pfanne geben, mit dem Parmesan bestreuen und behutsam mischen. Mit frisch gemahlenem Pfeffer bestreuen und sofort servieren.

Pasta mit Fisch, Schal- und Krustentieren

Spaghettini mit Venusmuscheln

Empfohlene Weine
Rheingauer Riesling, Kabinett, trocken (Deutschland)
Ischia bianco, Regaleali bianco (Italien)
Chablis (Frankreich)
Kalifornischer Pinot blanc (USA)

Zubereitungszeit
30 Minuten (plus 2 Stunden zum Säubern der Muscheln)

240 g Spaghettini
800 g Venusmuscheln
Salz
6 EL Öl
1 Knoblauchzehe
schwarzer Pfeffer
1 EL gehackte Petersilie

1 Die Muscheln mindestens 2 Stunden unter fließendem Wasser säubern, um den Sand auszuschwemmen.
2 Abtropfen lassen, in eine Kasserolle geben, 4 Minuten zugedeckt sautieren.
3 Die Muscheln von den Schalen befreien; den Muschelsud filtern und anschließend bei starker Hitze 2–3 Minuten eindicken lassen.
4 Die Spaghettini in Salzwasser »al dente« kochen und abgießen.
5 Das Öl in einer Schwenkpfanne erhitzen, den feingehackten Knoblauch 1–2 Minuten bei niedriger Hitze goldbraun anbraten.
6 Die Muscheln, Spaghettini und den Muschelfond zufügen, 1 Minute bei mittlerer Hitze rühren. Pfeffer und Petersilie darüberstreuen und das Gericht servieren.

Kalte Spaghettini mit Kaviar

Empfohlene Weine
Saar-Riesling, Kabinett, trocken (Deutschland)
Pinot spumante di Franciacorta,
Sauvignon del Collio (Italien)
Champagne (Frankreich)
Kalifornischer Blanc de Blancs (USA)

Zubereitungszeit
20 Minuten

200 g Spaghettini
Salz
4 EL Öl
1 EL sehr fein gehackter Schnittlauch
4 El Kaviar

1 Die Spaghettini in Salzwasser »al dente« kochen und abgießen.
2 Mindestens 1 Minute im Sieb unter fließendes, kaltes Wasser stellen.
3 In eine Schüssel geben, Öl und Schnittlauch zufügen und vermischen.
4 Die Spaghettini auf Tellern anrichten und mit jeweils 1 EL Kaviar garnieren.

Spaghettini mit Meeresfrüchten

<u>Empfohlene Weine</u>
Mittelrheinischer Riesling, Kabinett, trocken (Deutschland)
Torbato, Trebbiano di Romagna (Italien)
Pouilly Fuissé (Frankreich)
Vinho verde (Portugal)

<u>Zubereitungszeit</u>
50 Minuten (plus 2 Stunden zum Säubern der Meeresfrüchte)

200 g Spaghettini
1 kg Meeresfrüchte (Miesmuscheln, Venusmuscheln, Meeresträffel, Meeresdatteln)
4 große Garnelen
Salz
6 EL Öl
1 reife Tomate
1 Knoblauchzehe
schwarzer Pfeffer
1 EL gehackte Petersilie

1 Die Meeresfrüchte mindestens 2 Stunden unter fließendes Wasser stellen, dabei häufig wenden. Abtropfen lassen und zugedeckt in einem großen Topf ca. 3 Minuten erhitzen, bis sie sich öffnen.
2 Die Muscheln aus den Schalen lösen, den Muschelsaft auffangen und durch ein feines Sieb gießen.
3 Die Garnelen 4 Minuten in kochendem Salzwasser oder heißem Dampf garen.
4 5 EL Öl in einer Pfanne erhitzen; die enthäutete, entkernte und pürierte Tomate 5 Minuten darin schmoren lassen. Die Muscheln mit dem Muschelsaft und den Garnelen zufügen.
5 In einer kleinen Pfanne 1 EL Öl erhitzen, den feingewürfelten Knoblauch bei niedriger Hitze ca. 2 Minuten anbräunen.
6 Die Spaghettini in kochendem Salzwasser »al dente« kochen, abseihen und zu den Muscheln geben. Reichlich Pfeffer und die Petersilie darüberstreuen. Das mit Knoblauch aromatisierte Öl zufügen, alles gut miteinander vermischen und servieren.

Spaghettini mit Rogen

Empfohlene Weine
Rieslingsekt, brut (Deutschland)
Terlaner, Pinot spumante dell'Oltrepò pavese (Italien)
Champagne (Frankreich)
Kalifornischer Blanc de Blancs (USA)

Zubereitungszeit
20 Minuten

240 g Spaghettini
Salz
6 EL Öl
2 Knoblauchzehen
¼ rote Pfefferschote
80 g getrockneter Meeräschenrogen

1 Die Spaghettini in Salzwasser »al dente« kochen.
2 In einer Pfanne das Öl erhitzen. Bei niedriger Hitze den feingehackten Knoblauch und die in feinste Streifchen geschnittene Pfefferschote kurz braten
3 Den Fischrogen von den Häutchen befreien und reiben.
4 Die Spaghettini zum Öl und Knoblauch in die Pfanne geben und 2 Minuten darin schwenken.
5 Auf Tellern anrichten und den geriebenen Rogen darüberstreuen.

Tagliolini mit Jakobsmuscheln

Empfohlene Weine
Bergsträßer Riesling, Kabinett, trocken (Deutschland)
Tocai del Collio, Torgiano bianco (Italien)
Bourgogne blanc (Frankreich)
Kalifornischer Chenin blanc (USA)

Zubereitungszeit
1 Stunde

240 g Tagliolini, hergestellt aus frischem Nudelteig (Seite 180)
30 g Butter
240 g ausgelöste Jakobsmuscheln
6 EL Weißwein
Salz, 6 EL Sahne
⅓ TL gehackter Schnittlauch
4 Basilikumblättchen
Pfeffer

Für den Nudelteig
100 g Weizenmehl
100 g Hartweizengrieß
2 Eier, Salz

1 In einer Pfanne die Butter erhitzen. Die gewaschenen Jakobsmuscheln hineingeben, mit dem Wein beträufeln, salzen und 5 Minuten zugedeckt garen.
2 Die Muscheln herausnehmen und warm stellen.
3 Die Sahne, den Schnittlauch und das sehr fein gehackte Basilikum zum Muschelfond geben. Die Sauce 2 Minuten kochen, so daß sie leicht eindickt.
4 Die Jakobsmuscheln in 3 mm dicke Scheibchen schneiden, in die Pfanne geben und 1 weitere Minute garen.
5 Die vorbereiteten Tagliolini (Seite 181) in reichlich Salzwasser »al dente« kochen und abseihen.
6 Zu den Muscheln geben und mit Pfeffer bestreuen. Nochmals 2 Minuten stark erhitzen, durchmischen und servieren.

Penne mit Venusmuscheln und Erbsen

Empfohlene Weine
Fränkischer Rieslaner, Kabinett, trocken (Deutschland)
Soave, Frascati (Italien)
Bordeaux blanc (Frankreich)
Kalifornischer Chenin blanc (USA)

Zubereitungszeit
40 Minuten (plus 2 Stunden zum Säubern der Muscheln)

240 g Penne
400 g Venusmuscheln
400 g Erbsen
6 EL Öl, Salz
1 EL gehackte Petersilie
schwarzer Pfeffer

1 Die Venusmuscheln zum Säubern mindestens 2 Stunden unter fließendes Wasser stellen, dabei häufig wenden.

2 Die Muscheln abtropfen lassen, in einem Topf zugedeckt etwa 2–3 Minuten stark erhitzen, damit sie sich öffnen.

3 Die Venusmuscheln aus den Schalen lösen; den Muschelsaft auffangen und durch ein feines Sieb filtern.

4 Die Erbsen enthülsen. Mit dem Öl und 8 EL Muschelsaft in einen Topf geben, salzen und 12 Minuten kochen.

5 Die Penne in Salzwasser »al dente« kochen und abseihen.

6 Die Venusmuscheln zu den Erbsen geben, weitere 2 Minuten garen und mit Salz abschmecken. Die Penne zufügen, mit Petersilie bestreuen und pfeffern. Noch 1 Minute ziehen lassen und servieren.

Tagliolini mit Meeresfrüchten und Paprika

Empfohlene Weine
Pfälzischer Traminer, QbA, trocken (Deutschland)
Sauvignon del Collio, Silvaner aus Südtirol (Italien)
Montrachet (Frankreich)
Kalifornischer Gewürztraminer (USA)

Zubereitungszeit
1 Stunde (plus 2 Stunden zum Säubern der Meeresfrüchte)

240 g Tagliolini, hergestellt aus frischem Nudelteig (Seite 180)
600 g Meeresfrüchte (Venusmuscheln, Miesmuscheln, Meeresdatteln)
¼ gelbe Paprikaschote
¼ rote Paprikaschote
6 EL Öl
Salz und schwarzer Pfeffer

Für den Nudelteig
100 g Weizenmehl
100 g Hartweizengrieß
2 Eier
Salz

1 Die Meeresfrüchte mindestens 2 Stunden unter fließendes Wasser stellen. Dabei häufig wenden.
2 Die Muscheln gut abtropfen lassen. In einem großen Topf zugedeckt etwa 2–3 Minuten stark erhitzen, so daß sie sich öffnen. Öfters umrühren.
3 Anschließend das Muschelfleisch aus den Schalen lösen, den Muschelsaft auffangen und filtern.
4 Die Paprika in 5 mm breite und 3 cm lange Streifen schneiden. 4 EL Öl in einer großen Pfanne erhitzen und darin ca. 12 Minuten braten. Salzen und, falls erforderlich, 1 EL Wasser angießen.
5 Die vorbereiteten Tagliolini (Seite 181) in reichlich Salzwasser »al dente« kochen und abgießen.
6 Die Muscheln mit dem Muschelsaft zu den Paprika geben und 2–3 Minuten eindicken lassen. Die Tagliolini und das restliche Öl zufügen und leicht pfeffern. Noch 2 Minuten bei starker Hitze fertiggaren und servieren.

Ditalini mit Miesmuscheln und Krebsschwänzen

Empfohlene Weine
Rheinhessischer Silvaner, QbA, trocken (Deutschland)
Soave, Vermentino (Italien)
Chablis (Frankreich)
Kalifornischer Chenin blanc (USA)

Zubereitungszeit
40 Minuten (plus 2 Stunden zum Säubern der Miesmuscheln)

240 g Ditalini
400 g Miesmuscheln
120 g Garnelen
Salz
1 Knoblauchzehe
6 EL Öl
1 EL gehackte Petersilie
schwarzer Pfeffer

1 Die Miesmuscheln mindestens 2 Stunden unter fließendes Wasser stellen, um den Sand auszuschwemmen. Gut abtropfen lassen, in eine große Pfanne geben und zugedeckt ca. 3 Minuten stark erhitzen, damit sie sich öffnen. Öfters umrühren.
2 Die Muscheln aus den Schalen lösen. Den austretenden Muschelsaft durch ein feines Sieb filtern.
3 Die Garnelen kurz in heißem Dampf garen.
4 Den Muschelsaft in einer kleinen Pfanne eindicken lassen, anschließend Muscheln und Garnelen hineingeben.
5 Die Ditalini in Salzwasser »al dente« kochen und abgießen.
6 Die feingewürfelte Knoblauchzehe in Öl in einer großen Pfanne leicht anbräunen; die Ditalini kurz darin ziehen lassen.
7 Muscheln und Garnelen zufügen.
8 Die Petersilie darüberstreuen, salzen und pfeffern und das Gericht in 1 Minute bei starker Hitze fertiggaren.

Maccheroncini mit Miesmuscheln

Empfohlene Weine
Badischer Bacchus, Kabinett, trocken (Deutschland)
Corvo di Salaparuta, Martinafranca (Italien)
Graves blanc (Frankreich)
Kalifornischer Chenin blanc (USA)

Zubereitungszeit
30 Minuten (plus 2 Stunden zum Säubern der Muscheln)

240 g Maccheroncini
800 g Miesmuscheln
1 Knoblauchzehe
1 EL gehackte Petersilie
6 EL Öl, 1 große Tomate
Salz und schwarzer Pfeffer

1 Die Muscheln mindestens 2 Stunden unter fließendes Wasser stellen, um sie von Sandrückständen zu befreien.
2 Gut abtropfen lassen. In einer Pfanne zugedeckt etwa 2–3 Minuten stark erhitzen, damit sie sich öffnen; dabei häufig umrühren.
3 Die Muscheln aus den Schalen lösen und warm stellen.
4 Den Knoblauch fein würfeln und mit der Petersilie in einer großen Pfanne im Öl anbraten. Nach 2 Minuten die enthäutete, entkernte, gut ausgedrückte und kleingehackte Tomate zufügen.
5 Salzen und 8 Minuten schmoren lassen. Anschließend die Muscheln zufügen.
6 Die Maccheroncini in Salzwasser »al dente« kochen, abgießen. In den Topf geben, mit Pfeffer abschmecken und 1 weitere Minute ziehen lassen. Anschließend sofort servieren.

Penne mit Thunfisch

Empfohlene Weine
Scheurebe von der Nahe, Kabinett, trocken (Deutschland)
Greco di Tufo, Ribolla dei Colli Orientali del Friuli (Italien)
Meursault (Frankreich)
Kalifornischer Chenin blanc (USA)

Zubereitungszeit
20 Minuten

240 g Penne
1 Zwiebel
5 EL Öl
Salz
200 g Thunfisch in Öl
1 EL gehackte Petersilie
Pfeffer

1 Die Zwiebel in Streifen schneiden.
2 In einer großen Pfanne das Öl erhitzen, die Zwiebel hineingeben, salzen und 3 Minuten braten. Mit 8 EL Wasser 5 Minuten schmoren.
3 Den zerpflückten Thunfisch zufügen und noch 3 Minuten garen.
4 Die Penne in Salzwasser »al dente« kochen und abseihen.
5 Zum Thunfisch in die Pfanne geben, mit der Petersilie bestreuen und pfeffern.
6 Unter kräftigem Rühren 1 Minute bei starker Hitze fertiggaren und dann sofort servieren.

Stracci mit Meeresfrüchten

Empfohlene Weine
Pfälzer Huxelrebe, Kabinett, trocken (Deutschland)
Gavi, Bianchello del Metauro (Italien)
Chablis (Frankreich)
Kalifornischer Chardonnay (USA)

Zubereitungszeit
1 Stunde und 10 Minuten (plus 2 Stunden Säubern der Venusmuscheln)

8 Stracci, hergestellt aus frischem Nudelteig (Seite 180)
300 g Venusmuscheln
200 g ausgelöste Kammuscheln
30 Basilikumblättchen
10 Pinienkerne, 12 EL Öl
2 Knoblauchzehen
Salz und Pfeffer
6 EL Weißwein

Für den Nudelteig
200 g Weizenmehl
2 Eier, Salz

1 Den Nudelteig dünn ausrollen und 8 Quadrate von 12 cm Seitenlänge ausschneiden.
2 Die Venusmuscheln mindestens 2 Stunden unter fließendes Wasser stellen, dabei häufig wenden. Abtropfen lassen und zugedeckt in einem Topf 2–3 Minuten stark erhitzen, damit sie sich öffnen. Muscheln auslösen und warm stellen.
3 Fransenrand und Häutchen an den Kammuscheln entfernen. Anschließend gründlich waschen.
4 In einer Pfanne 3 EL Öl erhitzen und eine in Scheiben geschnittene Knoblauchzehe darin anbräunen. Die Kammuscheln zufügen, salzen und mit Weißwein beträufeln. Umrühren und etwa 6 Minuten schmoren lassen. Die Venusmuscheln hineingeben, pfeffern und noch 2 Minuten ziehen lassen.
5 In einem Mörser die zweite Knoblauchzehe mit den gewaschenen und trockengetupften Basilikumblättchen, Pinienkernen, einer Prise Salz und 8 EL Öl zu einer weichen Paste zerreiben.
6 Die Teigblätter in kochendem Salzwasser garen. Dem Wasser 1 EL Öl zufügen, damit sie nicht aneinanderkleben. Auf die gut vorgewärmten Teller jeweils 1 Teigblatt legen, Muscheln darauf verteilen und mit der Basilikumpaste nappieren. Die anderen Teigblätter darüberlegen, mit etwas Basilikumpaste garnieren und sofort servieren.

Fettuccine mit Lachs

Empfohlene Weine
Rheingauer Riesling Spätlese, trocken, oder Kabinett eines älteren Jahrgangs (Deutschland)
Spumante champenois del Trentino,
Pinot dell'Oltrepò pavese (Italien)
Pouilly Fumé (Frankreich)
Kalifornischer Gewürztraminer (USA)

Zubereitungszeit
20 Minuten

280 g Fettuccine
100 g Räucherlachs
20 g Butter
12 EL Sahne
Salz und Pfeffer
20 g Kaviar
2 Schnittlauchstengel

1 Den Lachs in 1 cm große Würfel schneiden.
2 In einer großen Pfanne die Butter zerlassen. Die Sahne dazugießen, salzen und eindicken lassen.
3 Die Lachswürfel zufügen und 3 Minuten garen.
4 Die Fettuccine in Salzwasser »al dente« kochen und abseihen.
5 Zum Lachs in die Pfanne geben, mit Pfeffer bestäuben und alles erneut 2 Minuten stark erhitzen.
6 Die Fettuccine auf Tellern anrichten, mit etwas Kaviar und Schnittlauchröllchen garnieren und servieren.

Spaghettini mit Languste

Empfohlene Weine
Badischer Grauburgunder, Kabinett, trocken (Deutschland)
Pinot champenois del Trentino,
Pinot di Franciacorta (Italien)
Champagne (Frankreich)
Kalifornischer Blanc de Blancs (USA)

Zubereitungszeit
1 Stunde

240 g Spaghettini
1 rohe Languste (500 g)
½ Zwiebel
4 EL Öl
2 kleine, reife Tomaten
1 Rosmarinzweiglein
Salz und Pfeffer

1 Die Languste in sprudelndes Salzwasser werfen und 8 Minuten kochen. Auskühlen lassen, anschließend halbieren.
2 Das Fleisch aus dem Schwanz und den Scheren möglichst im Ganzen herauslösen und in mundgerechte Stücke teilen.
3 Die Zwiebel fein hacken und einige Minuten in dem Öl und 4 EL Wasser dünsten. Die enthäuteten, entkernten und kleingeschnittenen Tomaten dazugeben, Rosmarin zufügen, salzen und 5 Minuten kochen.
4 Die Tomaten durch ein Sieb passieren und in eine große Pfanne geben.
5 Das Langustenfleisch zu den Tomaten geben, mit Salz abschmecken und unter Rühren 3 Minuten weiterkochen.
6 Die Spaghettini in reichlich Salzwasser »al dente« kochen, abseihen, ebenfalls in die Pfanne geben und pfeffern. Bei mittlerer Hitze kurz ziehen lassen und sofort servieren.

Spaghettini mit Tintenfisch

Empfohlene Weine
Rheinhessischer Silvaner, QbA, trocken (Deutschland)
Tocai del Collio, Verdicchio dei Castelli di Jesi (Italien)
Pouilly Fuissé (Frankreich)
Kalifornischer Chenin blanc (USA)

Zubereitungszeit
50 Minuten

240 g Spaghettini
300 g kleine Tintenfische
½ kleine Zwiebel
8 EL Öl
Salz
1 große, reife Tomate
1 Rosmarinzweiglein
schwarzer Pfeffer

1 Tintensäckchen wegschneiden, die Flüssigkeit dabei auffangen. Die Tintenfische gründlich waschen, trockentupfen und den Mittelknochen entfernen.
2 Die Zwiebel in feine Streifen schneiden.
3 In einer Pfanne 4 EL Öl erhitzen und die Zwiebeln leicht andünsten. Die Tintenfische dazugeben und mit Salz würzen.
4 Nach 3 Minuten die enthäutete, entkernte und kleingehackte Tomate sowie das Rosmarinzweiglein zufügen. Umrühren und 10 Minuten schmoren lassen.
5 Die Tintenfische herausnehmen und warm stellen.
6 Die Tintenflüssigkeit zu den Tomaten geben und weitere 4 Minuten garen.
7 Die Tomaten durch ein feines Sieb in eine große Pfanne passieren, die verbliebenen 4 El Öl zufügen und 2 Minuten kochen.
8 Die Spaghettini in Salzwasser »al dente« kochen und abseihen. In die Tomatensauce geben, pfeffern und gut durchmischen. Auf Tellern anrichten, die Tintenfische darauf verteilen und servieren.

1

5

2

6

3

7

4

8

Spaghettini mit Scampi und Venusmuscheln

Empfohlene Weine
Mosel-Riesling, Kabinett, trocken (Deutschland)
Verdicchio dei Castelli di Jesi, Riesling renano dei Colli Orientali del Friuli (Italien)
Sancerre (Frankreich)
Kalifornischer Sauvignon blanc (USA)

Zubereitungszeit
40 Minuten (plus 2 Stunden zum Säubern der Muscheln)

200 g Spaghettini
500 g Venusmuscheln
12 Scampi
8 EL Öl
1 Knoblauchzehe
Salz und Pfeffer
1 EL gehackte Petersilie
1 EL gehacktes Basilikum

1 Die Muscheln mindestens 2 Stunden unter fließendes Wasser stellen, dabei häufig wenden.
2 Abtropfen lassen und in einen großen Topf geben. Etwa 2–3 Minuten stark erhitzen, damit sie sich öffnen.
3 Die Muscheln auslösen, den Muschelsaft auffangen und durch ein feines Sieb filtern.
4 Die Scampi in heißem Dampf oder in wenig Salzwasser 4 Minuten garen. Aus den Schalen lösen, die austretende Flüssigkeit auffangen und zu dem Muschelsaft geben.
5 Das Öl in einer kleinen Pfanne erhitzen und die feingewürfelte Knoblauchzehe bei niedriger Hitze anbräunen. Das Öl durch ein feines Sieb filtern und zu dem Muschelsaft gießen. Die Muscheln und das kleingeschnittene Scampifleisch hineingeben und 2 Minuten garen.
6 Die Spaghettini in Salzwasser kochen und kurz vor Ende der Garzeit abgießen. In die Pfanne geben und 2 Minuten ziehen lassen. Mit Pfeffer bestäuben, Petersilie und Basilikum hineinstreuen, die Hitze hochschalten und in 2 Minuten fertiggaren. Sofort servieren.

Tagliolini mit Messerscheiden

Empfohlene Weine
Bergsträßer Riesling, QbA, trocken (Deutschland)
Gavi, Lugana (Italien)
Bourgogne blanc (Frankreich)
Kalifornischer Chardonnay (USA)

Zubereitungszeit
1 Stunde (plus 2 Stunden zum Säubern der Messerscheiden)

320 g Tagliolini, hergestellt aus frischem Nudelteig (Seite 180)
600 g kleine Messerscheiden
Salz, 6 EL Öl
1 Knoblauchzehe
1 EL gehackte Petersilie
Pfeffer

Für den Nudelteig
100 g Weizenmehl
100 g Hartweizengrieß
2 Eier
Salz

1 Die Messerscheiden mindestens 2 Stunden unter fließendes Wasser stellen, dabei häufig wenden.
2 Abtropfen lassen, dann in einem Topf etwa 3 Minuten zugedeckt stark erhitzen, damit sie sich öffnen.
3 Die Muscheln auslösen, Köpfe wegschneiden. Den Muschelsaft auffangen und filtern. Das Muschelfleisch nochmals waschen, um eventuelle Sandrückstände vollständig zu entfernen.
4 Die vorbereiteten Tagliolini (Seite 181) in Salzwasser kochen und kurz vor Ende der Garzeit abgießen.
5 Die Muschelflüssigkeit etwas eindicken lassen, Muscheln und Tagliolini hineingeben und mit Salz würzen. Bei starker Hitze 2 Minuten weitergaren.
6 Das Öl in einer Pfanne erhitzen, den feingewürfelten Knoblauch darin anbräunen. Das Öl filtern und über die Tagliolini gießen. Gut durchmischen, mit Petersilie bestreuen, pfeffern und servieren.

Tagliatelle mit Jakobsmuscheln

Empfohlene Weine
Pfälzer Kerner, Kabinett, trocken (Deutschland)
Ribolla dei Colli Orientali del Friuli,
Frascati (Italien)
Pinot d'Alsace (Frankreich)
Kalifornischer Chenin blanc (USA)

Zubereitungszeit
1 Stunde und 10 Minuten

280 g Tagliatelle, hergestellt aus frischem Nudelteig (Seite 180)
1 Lauchstange
60 g Butter
180 g ausgelöste Jakobsmuscheln
6 EL Weißwein
Salz und Pfeffer

Für den Nudelteig
100 g Weizenmehl
100 g Hartweizengrieß
2 Eier, Salz

1 Den Lauch waschen und in sehr feine Streifen schneiden.
2 In einer Pfanne 30 g Butter zerlassen, den Lauch und 6 EL Wasser hineingeben. 8 Minuten schmoren lassen.
3 Die restliche Butter in einer anderen Pfanne erhitzen und die gründlich gewaschenen Jakobsmuscheln hineingeben. Mit Weißwein beträufeln, salzen und zugedeckt etwa 5 Minuten bei mittlerer Hitze garen.
4 Die Jakobsmuscheln vorsichtig aus dem Fond herausheben und in 3 mm dicke Scheiben schneiden.
5 Mit ihrem Bratenfond in die Pfanne zu dem Lauch geben und 2 Minuten weitergaren.
6 Die vorbereiteten Tagliatelle (Seite 181) in Salzwasser »al dente« kochen und abseihen. Ebenfalls in die Pfanne geben, mit Pfeffer bestäuben und gut durchmischen. Bei starker Hitze in 2 Minuten fertiggaren.

Vollkornspaghetti mit Sardellen

Empfohlene Weine
Mosel-Riesling, Spätlese, trocken (Deutschland)
Frascati, Corvo di Salaparuta (Italien)
Pinot 'Alsace (Frankreich)
Kalifornischer Johannisberg Riesling (USA)

Zubereitungszeit
30 Minuten

280 g Vollkornspaghetti
1 Zwiebel
8 EL Öl
Salz
80 g Sardellen
schwarzer Pfeffer

1 Die Zwiebel fein hacken.
2 Die Hälfte des Öls in einer großen Pfanne erhitzen, die Zwiebel hineingeben und 2 Minuten darin anbraten. Mit Salz würzen, 8 EL Wasser zufügen und 5 Minuten schmoren lassen.
3 Die Sardellen unter fließendem Wasser vom Salz befreien, anschließend entgräten und fein hacken.
4 Zu den Zwiebeln in die Pfanne geben und weitere 4 Minuten garen. Das restliche Öl hineingießen.
5 Die Spaghetti in Salzwasser »al dente« kochen und abgießen.
6 In die Pfanne geben und Pfeffer darüberstreuen. Die Hitze hochschalten, nochmals gut durchmischen und servieren.

Spaghettini mit Sardellen und Kapern

Empfohlene Weine
Fränkischer Morio-Muskat, Kabinett, trocken (Deutschland)
Ischia bianco, Verdicchio dei Castelli di Jesi (Italien)
Chablis (Frankreich)
Kalifornischer Chardonnay (USA)

Zubereitungszeit
40 Minuten

240 g Spaghettini
40 g Sardellen
1 Knoblauchzehe
½ rote Pfefferschote
6 EL Öl
2 große, reife Tomaten
30 Kapern
60 g entsteinte schwarze Oliven
Salz

1 Die Sardellen unter fließendem Wasser vom Salz befreien und entgräten.
2 Knoblauch und Pfefferschote hacken, mit dem Öl in eine große Pfanne geben. Sobald der Knoblauch etwas gebräunt ist, die feingehackten Sardellen zufügen.
3 Bei mittlerer Hitze 2 Minuten braten. Die enthäuteten, entkernten, kleingeschnittenen Tomaten hineingeben.
4 Danach das Ganze 10 Minuten schmoren lassen. Die Kapern und Oliven dazugeben, mit Salz abschmecken und weitere 5 Minuten garen.
5 Die Spaghettini in Salzwasser »al dente« kochen und abgießen.
6 Die Spaghettini mit der Mischung in der Pfanne gut verrühren und dann gleich servieren.

Cannelloni mit Hechtfüllung

<u>Empfohlene Weine</u>
Badischer Traminer, Kabinett, trocken (Deutschland)
Riesling dell'Oltrepò pavese,
Bianchello del Metauro (Italien)
Graves blanc (Frankreich)
Kalifornischer Chenin blanc (USA)

<u>Zubereitungszeit</u>
1 Stunde und 20 Minuten

600–800 g Cannelloni, hergestellt aus frischem Nudelteig (Seite 180)
Salz
1 EL Öl
40 g Butter
1 Schalotte
1 Prise Thymian
4 EL Sahne
Pfeffer

<u>Für den Nudelteig</u>
200 g Weizenmehl
100 g Hartweizengrieß
3 Eier, Salz

<u>Für die Füllung</u>
350 g Hechtschnitten oder -filets, Salz
20 g Butter
4 EL Weißwein
2 EL Öl
1 Knoblauchzehe
1 kleiner Steinpilz

1 Die angegebenen Zutaten zu einem elastischen Nudelteig verarbeiten und sehr dünn ausrollen. Quadrate von 10 cm Seitenlänge ausschneiden.
2 Den Hecht putzen, waschen und mit Salz bestreuen. In eine ausgebutterte, feuerfeste Form legen, mit dem Weißwein beträufeln. Die restliche Butter in Flocken darüber verteilen. In den heißen Backofen schieben (180 °C) und 12 Minuten garen.
3 Das Öl in einer kleinen Pfanne heiß werden lassen, den in Scheibchen geschnittenen Knoblauch darin anbräunen. Den Pilz putzen, waschen und in 4 mm große Würfelchen schneiden. Zu dem Knoblauch geben und bei niedriger Hitze 4 Minuten mitbraten. 1 EL Wasser angießen und anschließend den Knoblauch entfernen.
4 Die Teigblätter in reichlich Salzwasser »al dente« kochen. Dem Kochwasser 1 EL Öl zusetzen, damit sie nicht aneinanderkleben. Herausheben und auf einem Küchentuch ausbreiten.
5 Das kleingeschnittene Hechtfleisch auf den Teigblättern verteilen, mit den Pilzwürfeln bestreuen.
6 Die Teigblätter zu Cannelloni einrollen, den Teigrand mit Wasser anfeuchten und gut andrücken.
7 Die Cannelloni in eine eingebutterte, feuerfeste Form legen, mit Butterflöckchen belegen und 10 Minuten im heißen Backofen (180 °C) überbacken.
8 In der Zwischenzeit die Schalotte mit Thymian und Sahne im Mixer pürieren. Das Ganze 3 Minuten kochen und vor dem Servieren über die Cannelloni gießen.

1

2

3

4

5

6

7

8

Pennette mit Kammuscheln

Empfohlene Weine
Fränkischer Müller-Thurgau, Kabinett, trocken (Deutschland)
Pinot di Franciacorta, Lugana (Italien)
Chablis (Frankreich)
Kalifornischer Sauvignon blanc (USA)

Zubereitungszeit
20 Minuten

240 g Pennette
360 g ausgelöste Kammuscheln
40 g Butter
6 EL Weißwein
Salz
1 TL Currypulver
8 EL Sahne, Pfeffer

1 Die Kammuscheln säubern, den Fransenrand und die Häutchen entfernen.
2 Die Muscheln gut waschen und abtropfen lassen.
3 Die Butter in einer großen Pfanne zerlassen, die Muscheln hineingeben, mit dem Weißwein beträufeln und salzen. Unter häufigem Rühren 6 Minuten garen.
4 Das Currypulver in der leicht angewärmten Sahne auflösen, über die Muscheln gießen und weitere 3 Minuten köcheln lassen.
5 Die Pennette in reichlich Salzwasser »al dente« kochen und abgießen.
6 Zu den Muscheln in die Pfanne geben, etwas Pfeffer darüberstreuen und anschließend die Hitze hochschalten. Das Ganze kräftig durchrühren und servieren.

Fusilli mit Miesmuscheln und Kartoffeln

<u>Empfohlene Weine</u>
Nahe-Riesling, QbA, trocken (Deutschland)
Martinafranca bianca,
Vernaccia di San Gimignano (Italien)
Bourgogne blanc (Frankreich)
Kalifornischer Pinot blanc (USA)

<u>Zubereitungszeit</u>
40 Minuten (plus 2 Stunden zum Säubern der Muscheln)

200 g Fusilli
500 g Miesmuscheln
200 g Kartoffeln
Salz
8 EL Öl
schwarzer Pfeffer
1 EL gehackte Petersilie

1 Die Miesmuscheln mindestens 2 Stunden unter fließendes Wasser stellen, dabei häufig wenden.
2 Gut abtropfen lassen und in einen Topf geben. Zugedeckt 3 Minuten stark erhitzen, damit sie sich öffnen.
3 Das Muschelfleisch auslösen, den Muschelsaft dabei auffangen.
4 Die Kartoffeln zuerst in Scheiben schneiden, diese anschließend zweimal halbieren, so daß kleine Dreiecke entstehen.
5 Die Kartoffeln in Salzwasser bißfest garen.
6 Das Öl in einer großen Pfanne erhitzen, die Muscheln und die abgetropften Kartoffeln 2 Minuten anbraten. Anschließend 6 EL Muschelsaft zufügen.
7 Die Fusilli in reichlich Salzwasser »al dente« kochen und abseihen.
8 Ebenfalls in die Pfanne geben, mit Pfeffer abschmecken und Petersilie darüberstreuen. In 1 Minute bei starker Hitze fertiggaren und servieren.

Spaghettini mit rohem Lachs

Empfohlene Weine
Pfälzer Winzersekt, trocken (Deutschland)
Pinot champenois dell'Oltrepò pavese,
Pinot grigio aus Südtirol (Italien)
Champagne (Frankreich)
Kalifornischer Blanc des Blancs (USA)

1

2

3

4

5

6

Zubereitungszeit
30 Minuten (plus 1 Stunde zum Marinieren)

180 g Spaghettini
250 g roher Lachs
2 EL Zitronensaft
2 EL Weißwein
5 EL Öl
Pfeffer
1 Prise frisches Fenchelkraut
1 Rosmarinzweiglein
1 Knoblauchzehe
Salz

1 Den Lachs häuten und entgräten. In ½ cm große Würfel schneiden.

2 Den Fisch in einem tiefen Teller mit Zitronensaft, Weißwein und 2 EL Öl beträufeln, 1 Prise Pfeffer und das feingewiegte Fenchelkraut darüberstreuen. 1 Stunde ruhen lassen.

3 Das restliche Öl in einer Pfanne erhitzen, Rosmarin und die geviertelte Knoblauchzehe darin bei niedriger Hitze 3 Minuten braten.

4 Die Spaghettini in reichlich und stark gesalzenem Wasser »al dente« kochen und abgießen. 1 Minute im Sieb unter fließendes kaltes Wasser halten.

5 Rosmarin und Knoblauch aus der Pfanne entfernen, und die Spaghettini hineingeben. Die Pfanne nach wenigen Sekunden vom Herd nehmen. Die Spaghettini mit Pfeffer abschmecken.

6 In tiefen Tellern anrichten und mit den marinierten Lachswürfeln garnieren.

Dieses Gericht kann natürlich auch warm serviert werden. In diesem Fall die Spaghettini nicht abkühlen. In der Pfanne auf der heißen Herdplatte kurz ziehen lassen.

Cannelloni mit Langustenfüllung

<u>Empfohlene Weine</u>
Württemberger Kerner, Kabinett, trocken (Deutschland)
Pinot grigio aus Südtirol, Ribolla dei Colli Orientali del Friuli (Italien)
Pouilly Fuissé (Frankreich)
Kalifornischer Blanc de Blancs (USA)

<u>Zubereitungszeit</u>
1 Stunde und 30 Minuten

8 Cannelloni, hergestellt aus frischem Nudelteig (Seite 180), Salz
1 EL Öl, 30 g Butter
8 Kürbisblüten
6 EL Sahne
1 Prise Thymian
Salz und Pfeffer

<u>Für den Nudelteig</u>
200 g Weizenmehl
3 Eier
100 g Hartweizengrieß
Salz

<u>Für die Füllung</u>
1 Languste (500 g)
30 g Butter
150 ml Milch
20 g Weißbrotkrume
1 EL gehackte Zwiebeln
1 Rosmarinzweiglein
1 reife Tomate
Salz
4 EL Sahne
Pfeffer

1 Die angegebenen Zutaten zu einem elastischen Nudelteig verkneten und sehr dünn ausrollen. Mit einem Messer 8 Teigblätter von 10 cm Seitenlänge ausschneiden. In reichlich Salzwasser »al dente« kochen. Dem Wasser 1 EL Öl zusetzen, damit sie nicht aneinanderkleben. Anschließend auf einem Küchentuch ausbreiten.
2 Die Languste 8 Minuten in sprudelndem Wasser kochen. Herausnehmen, halbieren und auslösen. Die Hälfte des Fleisches in 5 mm große Würfel schneiden, die andere Hälfte grob hacken.
3 Die Butter zerlassen, Zwiebeln und ein Rosmarinzweiglein darin anbraten. Nach 2 Minuten die enthäutete, entkernte und zerkleinerte Tomate dazugeben.
4 4 Minuten schmoren lassen, mit Salz würzen und danach das grob zerkleinerte Langustenfleisch zufügen. Die Sahne hineingießen und weitere 4 Minuten garen.
5 Alles in den Mixer füllen, mit Pfeffer würzen und pürieren. In einer Schüssel mit den Langustenwürfeln und der in der Milch eingeweichten, gut ausgedrückten Brotkrume sehr sorgfältig vermengen.
6 Diese Füllung auf die Teigblätter setzen, die Ränder mit etwas Wasser anfeuchten und zu Cannelloni aufrollen (Seite 182). In eine ausgebutterte, feuerfeste Form legen und 10 Minuten im heißen Backofen (180 °C) backen.
7 In der Zwischenzeit die Kürbisblüten waschen, ausdrücken und in einer kleinen Pfanne 4 Minuten in Butter braten. Mit Salz abschmecken.
8 Sahne, Thymian und Pfeffer hinzufügen, 2 Minuten köcheln lassen und anschließend im Mixer pürieren. In einen kleinen Topf gießen und nochmals erhitzen. Die Cannelloni auf Tellern anrichten und die Sahnesauce darüberträufeln.

1

2

3

4

5

6

7

8

Conchiglie mit Miesmuscheln und Rapssprossen

Empfohlene Weine
Rheinhessischer Gewürztraminer, QbA, trocken (Deutschland)
Corvo di Salaparuta, Torbato (Italien)
Elsässer Gewürztraminer (Frankreich)
Kalifornischer Sauvignon blanc (USA)

Zubereitungszeit
40 Minuten (plus 2 Stunden zum Säubern der Muscheln)

200 g Conchiglie
400 g Miesmuscheln
*200 g Rapssprossen** *(ersatzweise Brokkoli)*
Salz
6 EL Öl
1 Knoblauchzehe
*1 Prise Safranfäden**

1 Die Muscheln mindestens 2 Stunden unter fließendes Wasser stellen und von Sandrückständen befreien.
2 Gut abtropfen lassen und in einem großen Topf zugedeckt etwa 3 Minuten stark erhitzen, bis sie sich öffnen.
3 Das Muschelfleisch auslösen und warm stellen.
4 Die Rapssprossen in reichlich Salzwasser »al dente« kochen, abgießen.
5 Das Öl in einer Pfanne erhitzen, den in Scheibchen geschnittenen Knoblauch darin anbraten und danach entfernen. Zuerst die zerkleinerten Rapssprossen, nach 2 Minuten die Muscheln und die in 2 EL Wasser aufgelösten Safranfäden hineingeben. Einige Minuten garen.
6 Die Conchiglie in Salzwasser »al dente« kochen und abseihen.
7 In die Pfanne zu den Muscheln und dem Gemüse geben. Bei starker Hitze noch 1 Minute garen und servieren.

Tagliatelle mit Seezungenfilet und Safran

Empfohlene Weine
Rheingauer Riesling, Kabinett, trocken (Deutschland)
Pinot champenois di Franciacorta,
Ribolla dei Colli Orientali del Friuli (Italien)
Elsässer Gewürztraminer (Frankreich)
Kalifornischer Johannisberg Riesling (USA)

Zubereitungszeit
1 Stunde und 10 Minuten

240 g Tagliatelle, hergestellt aus frischem Nudelteig (Seite 180)
240 g Seezungenfilet
60 g Butter
4 Schnittlauchstengel, Salz
2 EL Weißwein
*6 EL Fischfumet**
*1 Prise Safranfäden**
Pfeffer

Für den Nudelteig
100 g Weizenmehl
100 g Hartweizengrieß
2 Eier
Salz

1 Das Fischfilet waschen, abtrocknen und in 5 mm breite Streifen schneiden.
2 In einer Pfanne 30 g Butter zerlassen, Schnittlauchstengel und Fischfilet hineingeben. Mit Salz abschmecken und mit Weißwein beträufeln. Zugedeckt 4 Minuten schmoren lassen.
3 Fischfumet erhitzen und die Safranfäden darin auflösen.
4 Über den Fisch gießen und weitere 2 Minuten garen. Anschließend den Schnittlauch entfernen und die restliche Butter unterrühren. Noch weitere 2 Minuten garen.
5 Die Tagliatelle in Salzwasser »al dente« kochen und abgießen.
6 Zu dem Fisch in die Pfanne geben und mit Pfeffer würzen. Bei starker Hitze nochmals durchmischen und servieren.

Raviolo Markgräfin-Art

Empfohlene Weine
Saar-Riesling, QbA, halbtrocken (Deutschland)
Pinot di Franciacorta, Greco di Tufo (Italien)
Mersault (Frankreich)
Kalifornischer Chardonnay (USA)

Zubereitungszeit
1 Stunde und 40 Minuten

30 g frischer Nudelteig mit Ei (Seite 180)
4 grüne Lasagneblätter (Seite 182)
400 g ausgelöste Jakobsmuscheln
Salz und Pfeffer
1 TL Ingwersaft aus frisch geriebener Ingwerwurzel
100 g Butter
5 cl Weißwein
1 EL Öl
4 große Petersilienblättchen

1 Den weißen Nudelteig besonders dünn ausrollen und 8 Teigblätter von 12 cm Seitenlänge ausschneiden. Auf 4 von ihnen ein Petersilienblättchen in die Mitte legen, die restlichen 4 Teigblätter darauflegen. Mit Hilfe des Nudelholzes so zusammenpressen, daß die Petersilienblättchen durchschimmern.
2 Die gewaschenen Jakobsmuscheln halbieren, salzen und pfeffern.
3 Ingwerwurzel schälen und reiben. Mit den Fingern die Raspel zusammenpressen, bis 1 TL Saft abläuft.
4 In einer Pfanne 20 g Butter erhitzen, die Jakobsmuscheln kurz darin braten.
5 Den Weißwein angießen, die Muscheln noch 2–3 Minuten ziehen lassen und anschließend herausnehmen. Den Fond etwas eindicken lassen, Ingwersaft und Butter zufügen. Das Ganze mit einem Schneebesen zu einer cremigen Sauce verrühren.
6 Die grünen und weißen Teigblätter in reichlich Salzwasser garen. Dem Kochwasser 1 EL Öl zufügen, damit sie nicht aneinanderkleben.
7 Die Teigblätter herausheben und abtropfen lassen, die grünen auf Tellern anrichten.
8 Die Muscheln nochmals in die Sauce geben und kurz ziehen lassen. Anschließend mit der Sauce auf die grünen Teigblätter verteilen, die weißen darüberlegen und sofort servieren.

1

2

3

4

5

6

7

8

Maccheroncini mit Sardinen

Empfohlene Weine
Badischer Muskat-Ottonel, Kabinett, halbtrocken (Deutschland)
Regaleali bianco, Torbato (Italien)
Graves blanc (Frankreich)
Kalifornischer Johannisberg Riesling (USA)

Zubereitungszeit
1 Stunde (plus 30 Minuten zum Einweichen der Sultaninen)

240 g Maccheroncini
20 g Sultaninen
1 Bund frisches Fenchelkraut (100 g), Salz
300 g Sardinen
6 EL Öl
1 Zwiebel
2 EL Tomatensauce
30 g Pinienkerne
schwarzer Pfeffer
2 Sardellenfilets

1 Die Sultaninen 30 Minuten in lauwarmem Wasser einweichen. Das Fenchelkraut putzen und waschen, die weichen, grünen Teile in reichlich Salzwasser ca. 10 Minuten kochen. Gut ausdrücken und fein hacken. Das Kochwasser aufbewahren.

2 Die Köpfe der Sardinen wegschneiden. Die Fische putzen, waschen und trockentupfen.

3 Das Öl in einer großen Pfanne erhitzen, die feingehackte Zwiebel 5 Minuten darin braten. Tomatensauce, Pinienkerne und die ausgedrückten Sultaninen dazugeben.

4 5 Minuten schmoren lassen, anschließend die Sardinen und das Fenchelkraut hineingeben. Mit Salz und Pfeffer würzen. Zugedeckt mindestens 10 Minuten schmoren lassen.

5 Die unter fließendem Wasser vom Salz befreiten und feingehackten Sardellen zufügen und weitere 5 Minuten schmoren lassen.

6 Die Maccheroncini im Fenchel-Kochwasser »al dente« garen und abgießen. Zu den Sardinen geben und vor dem Servieren 3 Minuten in der heißen Pfanne ruhen lassen.

Ravioli mit Seebarschfüllung und Miesmuscheln

<u>Empfohlene Weine</u>
Badischer Nobling, Kabinett, trocken (Deutschland)
Pinot bianco del Collio, Montecarlo bianco (Italien)
Montrachet (Frankreich)
Kalifornischer Chardonnay (USA)

<u>Zubereitungszeit</u>
1 Stunde und 20 Minuten
(plus 2 Stunden zum Säubern der Miesmuscheln)

600 g Ravioli, hergestellt aus frischem Nudelteig (Seite 180), Salz
1 Knoblauchzehe, 5 EL Öl
1 kleiner, frischer Pilz
1 TL gehackte Petersilie
250 g Miesmuscheln
2 EL Sahne
1 TL Tomatensauce, Pfeffer

<u>Für den Nudelteig</u>
140 g Weizenmehl
60 g Hartweizengrieß
4 EL Weißwein, 1 Ei, Salz

<u>Für die Füllung</u>
200 g Seebarsch
2 EL Weißbrotkrume
100 ml Milch
1 Prise Muskatnuß
1 Prise Majoran
1 TL Parmesan
1 Eigelb
4 EL Sahne
Salz und Pfeffer

1 Den Seebarsch in heißem Dampf weich garen, anschließend zerpflücken oder klein schneiden. Die Brotkrume in Milch einweichen, ausdrücken und in einer Schüssel mit dem Fisch, Muskatnuß, Majoran, Parmesan, Eigelb, Sahne, Salz und etwas Pfeffer sorgfältig vermischen.

2 Eine Hälfte der dünn ausgerollten Teigplatte mit Wasser anfeuchten. Kleine Häufchen der Füllung in Abständen von 4 cm darauf verteilen (Seite 183).

3 Die andere Hälfte des Teiges darüberdecken, mit den Fingern rund um die Füllungen gut andrücken. Mit dem Teigrädchen die Ravioli ausschneiden und in kochendem Salzwasser 5 Minuten garen. Abgießen und auf vorgewärmten Tellern anrichten.

4 In der Zwischenzeit die halbierte Knoblauchzehe im Öl anbräunen und anschließend herausnehmen. Den feingewürfelten Pilz und die Petersilie zugeben. Nach 2 Minuten die erhitzten, ausgelösten und kleingeschnittenen Miesmuscheln sowie Sahne und Tomatensauce hineingeben. Mit Salz und Pfeffer abschmecken und noch 3 Minuten ziehen lassen. Über die Ravioli gießen und servieren.

Tagliolini mit Meerbarben »Orange«

Empfohlene Weine
Württemberger Schillerwein, QbA, trocken (Deutschland)
Sauvignon del Collio, Silvaner aus Südtirol (Italien)
Elsässer Gewürztraminer (Frankreich)
Kalifornischer Johannisberg Riesling (USA)

Zubereitungszeit
1 Stunde

240 g Tagliolini, hergestellt aus frischem Nudelteig (Seite 180)
350 g Meerbarben
6 EL Öl
Salz
4 EL Orangensaft
6 Orangenscheiben
½ Knoblauchzehe
Pfeffer

Für den Nudelteig
100 g Weizenmehl
100 g Hartweizengrieß
2 Eier
Salz

1 Die Fische entgräten und filetieren.
2 Die Hälfte des Öls in eine feuerfeste Form gießen, die Fischfilets hineinlegen und salzen.
3 Mit dem Orangensaft beträufeln, die Orangenscheiben darauflegen und 7 Minuten in den vorgeheizten Backofen (180 °C) schieben.
4 Die vorbereiteten Tagliolini (Seite 181) in reichlich Salzwasser »al dente« kochen und abseihen.
5 Den Knoblauch in feine Scheibchen schneiden und im restlichen Öl leicht anbräunen.
6 Knoblauch entfernen, die Tagliolini hineingeben und kurz ziehen lassen. Anschließend die Fischmarinade zufügen.
7 Die Tagliolini in tiefen Tellern anrichten, leicht pfeffern und mit den kleingeschnittenen Fischfilets garnieren.

1

2

6

3

7

4

Spaghettini mit Seezungenfilet

Empfohlene Weine
Württemberger Trollinger, Kabinett, trocken (Deutschland)
Pinot champenois dell'Oltrepò pavese, Pinot grigio aus Südtirol (Italien)
Champagne (Frankreich)
Kalifornischer Blanc des Blancs (USA)

Zubereitungszeit
20 Minuten (plus 2 Stunden zum Marinieren)

200 g Spaghettini
250 g Seezungenfilet, Salz
2 EL Zitronensaft, 5 EL Öl
2 reife Tomaten
1 Prise Chilipulver
1 TL hauchfein gehackte Zwiebeln
2 TL gekräuselte, gehackte Petersilie

1 Das Seezungenfilet in 8 mm breite und 3 cm lange Streifchen schneiden.
2 In einen tiefen Teller legen, salzen. Mit Zitronensaft und 1 EL Öl beträufeln. 2 Stunden ruhen lassen.
3 Die enthäuteten, entkernten und kleingewürfelten Tomaten in einer Schüssel mit Chilipulver, Zwiebeln, 1 TL Petersilie, Salz und 1 EL Öl gut vermischen.
4 Die Spaghettini in stark gesalzenem Wasser »al dente« kochen, abgießen und anschließend nur kurz unter kaltem Wasser abschrecken.
5 Die restlichen 3 EL Öl in einer Pfanne heiß werden lassen, die Spaghettini hineingeben und die Pfanne sofort vom Herd ziehen. Die Spaghettini kurz ziehen lassen.
6 Anschließend in tiefe Teller verteilen, die gewürzten Tomaten darübergeben, mit den Fischfilets garnieren und die restliche Petersilie darüberstreuen.

Tagliolini mit Garnelen und Artischocken

<u>Empfohlene Weine</u>
Riesling vom Mittelrhein, Kabinett, trocken (Deutschland)
Torgiano bianco, Vernaccia di San Gimignano (Italien)
Batard Montrachet (Frankreich)
Kalifornischer Gewürztraminer (USA)

<u>Zubereitungszeit</u>
1 Stunde

240 g Tagliolini, hergestellt aus frischem Nudelteig (Seite 180)
2 mittelgroße Artischocken
6 EL Öl
Salz
120 g Garnelen
½ EL gehackte Petersilie
schwarzer Pfeffer

<u>Für den Nudelteig</u>
100 g Weizenmehl
100 g Hartweizengrieß
2 Eier
Salz

1 Von den Artischocken die Außenblätter entfernen, die restlichen Blätter stutzen. Anschließend halbieren, das Heu entfernen und die Artischocken in dünne Streifen schneiden.

2 In einer Pfanne 4 EL Öl erhitzen, die Artischocken und 5 EL Wasser hineingeben, mit Salz würzen und zugedeckt 6 Minuten schmoren lassen.

3 Die Garnelen waschen, trockentupfen, auf die Artischocken legen, etwas Salz darüberstreuen und die Pfanne wieder zudecken. Bei mittlerer Hitze 4–5 Minuten garen.

4 Die vorbereiteten Tagliolini (Seite 181) in kochendem Salzwasser »al dente« garen und abgießen.

5 Ebenfalls in die Pfanne geben, das restliche Öl, Petersilie und etwas Pfeffer zufügen. Die Hitze hochschalten, noch 1 Minute garen und sofort servieren.

Ravioli mit Fischfüllung

Empfohlene Weine
Nahe-Riesling, Kabinett, trocken (Deutschland)
Soave, Torgiano bianco (Italien)
Graves blanc (Frankreich)
Kalifornischer Chardonnay (USA)

Zubereitungszeit
1 Stunde und 20 Minuten

600 g Ravioli, hergestellt aus frischem Nudelteig (Seite 180), Salz
6 Salbeiblättchen
50 g Butter

Für den Nudelteig
140 g Weizenmehl
60 g Hartweizengrieß
2 Eier, Salz

Für die Füllung
200 g Fischfilet (Forelle, Aal)
1 Rosmarinzweiglein
½ Selleriestange
200 g junger Mangold
Salz, 1 Ei
1 Prise Thymian
20 g Butter
Pfeffer

1 Die Fischfilets im Dampf oder in sehr wenig Wasser in 3–4 Minuten weich garen. Rosmarin und Sellerie mit in den Topf geben.
2 Den Mangold in Salzwasser 7 Minuten kochen und anschließend gut ausdrükken.
3 Den Fisch klein schneiden, Mangold fein wiegen.
4 Fisch, Mangold, Ei, Thymian und die zerlassene Butter in eine Schüssel geben. Mit Salz und Pfeffer würzen und alles sehr sorgfältig miteinander vermischen.
5 Eine Hälfte der vorbereiteten Teigplatte (Seite 183) mit etwas Wasser anfeuchten. In Abständen von ca. 4 cm kleine Häufchen der Füllung daraufsetzen. Die andere Teighälfte darüberlegen und mit den Fingern rund um die Füllungen gut andrücken.
6 Mit dem Teigrädchen die Ravioli ausschneiden und anschließend 5 Minuten in kochendem Salzwasser garen. Abtropfen lassen, mit den Salbeiblättchen aromatisierte Butter darüberträufeln und servieren.

Spaghettini mit Seeigeln

Empfohlene Weine
Saar-Rieslingsekt, brut (Deutschland)
Pinot champenois di Franciacorta, Gavi (Italien)
Champagne (Frankreich)
Kalifornischer Blanc de Blancs (USA)

Zubereitungszeit
40 Minuten

200 g Spaghettini
24 Seeigel
Salz
6 EL Öl
1 Knoblauchzehe
1 TL gehackte Petersilie
Pfeffer

1 Die Seeigel aufschneiden.
2 In reichlich und stark gesalzenem Wasser die Spaghettini »al dente« kochen und abgießen. Unter fließendem kalten Wasser 1 Minute abschrecken.
3 Öl in einer großen Pfanne erhitzen, ½ Knoblauchzehe klein würfeln und darin anbräunen, danach entfernen.
4 Die Spaghettini hineingeben, wenden und die Petersilie darüberstreuen. Pfeffern, in Tellern anrichten.
5 Das Seeigelfleisch darauf verteilen.
6 Die andere Hälfte des Knoblauchs im restlichen Öl bei sehr niedriger Hitze 2 Minuten anbraten. Das Öl durch ein sehr feines Sieb über die Spaghettini träufeln. Leicht mit Pfeffer bestäuben und sofort servieren.

Dieses Gericht kann natürlich auch warm serviert werden. In diesem Fall die Spaghettini nicht abkühlen und in der Pfanne auf der heißen Herdplatte kurz ziehen lassen.

Dieses Lied von Aldo Fabrizi, das den Titel *Li Formati* trägt, stellt im Dialekt eine Fülle von Pasta-Formen vor.

PASTA

Spaghetti, Bombolotti, Tortijoni,
Schiaffoni, Picchiettini, Pappardelle,
Fresine, Bucatini, Recchietelle,
Fusilli, Millerighe, Farfalloni,

Zitoni, Spaghettini, Canneroni,
Lasagne, Strozzapreti, Reginelle,
Bavette, Tajolini, Tajatelle,
Occhi de lupo, Zita, Lumaconi,

Pippe, Cazzetti d'angelo, Fischiotti,
Creste de Gallo, Maniche, Ditali,
Linguine, Rigatoni, Manicotti.

Corna de Bue, Cornetti, Cornacopie,
jede Gegend – ihre eigenen Formen hat sie,
und natürlich sind die eigenen die besten.

(Aldo Fabrizi, *La pastasciutta*)

Trockene Pasta

Vollkorn-Maccheroni
(gerillt)
Bucatini
Penne
(glatt)
Fusilli
Farfalle
Ruote
Orecchiette
Rigatoni
Maccheroni
(gerillt)
Ditalini
Gnocchetti sardi
Maccheroncini
(glatt)

Hausgemachte Pasta

Pasta – richtig gekocht

- ▷ Die wichtigste Regel: Pasta immer in sehr viel Wasser kochen (1 l Wasser auf 100 g Pasta) und einen großen Topf verwenden.
- ▷ 10 g Salz auf 1 l Wasser zufügen.
- ▷ Die Pasta immer erst dann in das Wasser geben, wenn es sprudelt. Nur die gefüllten Pasta machen dabei eine Ausnahme: Sie werden bereits kurz vor dem Aufwallen des Wassers hineingegeben, um zu verhindern, daß sie aufplatzen.
- ▷ Bei hausgemachten, frischen Teigwaren empfiehlt es sich, dem Kochwasser 1–2 EL Öl beizugeben, damit sie nicht aneinanderkleben.
- ▷ Sofort mit einem Kochlöffel oder einer Gabel aus Holz umrühren und auch während des Kochvorgangs hin und wieder rühren.
- ▷ Für gleichmäßiges Garen der Pasta sollte das Wasser bei mittlerer Hitze, das heißt, weder zu stark noch zu schwach kochen. Dies gilt insbesondere für hausgemachte, frische oder gefüllte Pasta.
- ▷ Den Kochtopf möglichst nicht zudecken oder wenigstens nur zu zwei Dritteln, damit der Dampf entweichen kann.
- ▷ Die Pasta abgießen, solange sie noch »al dente«, bißfest ist. Denn der Garprozeß dauert noch an, wenn die Pasta nach dem Abgießen im Sieb liegt.
- ▷ Gefüllte Pasta, Gnocchi und Lasagneblätter einzeln mit einem Schaumlöffel herausheben, sobald sie an die Oberfläche steigen. Industriell gefertigte oder weniger zerbrechliche hausgemachte Pasta können direkt ins Sieb abgegossen werden.
- ▷ Die Pasta gut abtropfen lassen, wenn sie sofort auf Tellern angerichtet wird. Soll sie zuvor in einer Schüssel oder in der Pfanne auf dem Herd mit einer Sauce vermischt werden, möglichst etwas Kochwasser zurückbehalten.
- ▷ Sollen die Pasta zur späteren Verwendung vorbereitet werden, so ist es ratsam, sie bereits kurz vor Ende der Garzeit in ein Sieb abzuschütten und das Sieb sofort mindestens 3 Minuten in kaltes Wasser zu tauchen, um den Garprozeß abrupt zu beenden. Später, vor dem Servieren, die Pasta zum Erwärmen wenige Minuten in kochendes Wasser tauchen und abseihen.
- ▷ Zu den klassischen Regeln gehört auch, daß Spaghetti immer in ihrer ganzen Länge in das Wasser gegeben werden. Nach und nach dann die aus dem Topf ragenden Enden mit der Hand nachschieben, bis sie vollständig ins Wasser getaucht sind. Sofort umrühren.
- ▷ Für das gute Gelingen eines Gerichts ist es besonders wichtig, die richtige Pastasorte auszuwählen. Am besten richtet man sich nach der jeweiligen Sauce. Allgemein aber läßt sich sagen, daß für delikatere Gerichte auf der Basis von Spinat, Butter, Sahne, Schinken, Pilzen oder Tomatencreme hausgemachte, frische Pasta am besten schmeckt, während zu rustikaleren Varianten mit Zutaten wie Knoblauch, Pfefferschoten, Wild, Wurst usw. eher die industriell gefertigten, getrockneten Pastasorten passen.

Saucen

Neben den zahlreichen Saucen, die in den Rezepten dieses Buches beschrieben werden, folgen hier noch einige Varianten, die sehr gut zu verschiedenen Pastasorten passen.

Tomatensauce

400 g reife Tomaten
3 EL Öl, Salz
1 TL gehacktes Basilikum

Die Tomaten häuten, entkernen und grob hacken. 1 EL Öl in einer Pfanne erhitzen, Tomaten hineingeben, salzen und 6 Minuten schmoren lassen. Anschließend durch ein Sieb passieren. Das Püree in einen Topf geben, das restliche Öl und das Basilikum zufügen und noch 1 Minute kochen.

Kapernsauce

2 EL Kapern
1 Knoblauchzehe
*1 EL Sardellenpaste**
250 ml Öl
Saft von ½ Zitrone

Kapern und Knoblauch zusammen pürieren. In eine Schüssel geben und sorgfältig mit der Sardellenpaste vermischen. Anschließend Öl und Zitronensaft unterrühren.

Pfeffersauce

100 g Hühner- oder Entenleber
100 g Preßsack
2 Sardellenfilets
3 Knoblauchzehen
abgeriebene Schale von ½ Zitrone
2 EL Öl, Salz und Pfeffer
Saft von 1 Zitrone, 2 EL Essig

Leber, Preßsack, Sardellenfilets und 2 Knoblauchzehen fein hacken und mit der Zitronenschale mischen. Das Öl in eine Pfanne geben, die dritte Knoblauchzehe bei niedriger Hitze anbräunen, anschließend entfernen. Die feingehackten Zutaten hineingeben, mit Salz und sehr viel Pfeffer würzen. Einige Minuten braten, danach Zitronensaft und Essig unterrühren. Noch 2 Minuten ziehen lassen.

Sauce Mornay

100 g Butter
30 g Mehl
250 ml kochendheiße Milch
Salz
60 g geriebener Parmesan

40 g Butter in einem kleinen Topf zerlassen, das Mehl einrieseln lassen und unter ständigem Rühren mit dem Schneebesen leicht anschwitzen. Langsam die heiße Milch angießen. Leicht salzen und 10 Minuten köcheln lassen. Dabei ständig weiterrühren. Am Schluß die restliche, in kleine Stücke geschnittene Butter und den Parmesan untermischen.

Paprikacreme

2 rote Paprikaschoten
8 EL Sahne
Salz

Die Paprikaschoten im Backofen leicht rösten, damit sich die Haut leicht abziehen läßt. Die Schoten also häuten, halbieren, Kerne und weiße Rippen entfernen. In kleine Stücke schneiden und mit der Sahne und 1 Prise Salz im Mixer pürieren. Anschließend unter ständigem Rühren mit dem Schneebesen 5 Minuten bei mittlerer Hitze kochen.

Pesto
Basilikumsauce

60 g frisches Basilikum
1 Prise Salz
20 g Pinienkerne
2 Knoblauchzehen
*1 EL geriebener Pecorino**
1 EL geriebener Parmesan
14 EL Öl

Die Basilikumblättchen waschen und sorgfältig trockentupfen. Anschließend mit Salz, den im Backofen leicht gerösteten Pinienkernen und den Knoblauchzehen in einen Mörser geben. Mit dem Stößel zu einem Brei zerstampfen, indem man alles kräftig gegen die Wände des Mörsers reibt (Sie können die Basilikumsauce notfalls auch im Mixer bereiten). Mit dem Stößel weiterarbeiten und langsam den Käse untermischen. Das Ganze in eine Schüssel füllen und nach und nach das Öl mit einem Holzlöffel unterrühren.

Fleischsauce

20 g Butter
250 g Rinderhackfleisch
60 g rohe Schweinsbratwurst
1 Gewürznelke, 1 Lorbeerblatt
½ Zwiebel, Salz
200 g Tomaten aus der Dose

Die Butter in einer kleinen Kasserolle zerlassen. Das Hackfleisch, die zerkleinerte Wurst, das Lorbeerblatt und die mit der Gewürznelke gespickte Zwiebel hinzufügen und 20 Minuten braten. Mit Salz würzen, die kleingehackten Tomaten hineingeben und ca. 1 Stunde leise köcheln lassen. Falls erforderlich, etwas Brühe oder in lauwarmem Wasser gelösten Fleischextrakt angießen. Noch ca. 20 Minuten weitergaren, am Schluß Zwiebel und Lorbeerblatt entfernen.

»Falsche« Fleischsauce

1 Zwiebel
1 Selleriestange
1 Möhre
1 EL Öl
40 g fetter, roher Schinken
250 ml Weißwein
300 g Tomaten aus der Dose
je 1 EL gehackte Petersilie und Majoran
Salz und Pfeffer

Zwiebel, Sellerie und Möhre fein hacken. Das Öl in einer Pfanne erhitzen und das Gemüse mit dem feingewiegten Schinken darin anbraten. Den Weißwein angießen, nach 2 Minuten die zerkleinerten Tomaten, Petersilie und Majoran zufügen, mit Salz und Pfeffer würzen. Etwa 45 Minuten bei mittlerer Hitze schmoren lassen.

Pasta selber machen

Frischer Nudelteig

1 Das Mehl auf ein Backbrett oder eine Arbeitsfläche häufen. Mit den Fingern eine Mulde in die Mitte drücken.
2 Einzeln die Eier hineingeben (1 Ei auf 100 g Mehl) und Salz zufügen. Mit einer Gabel die Eier behutsam verquirlen.
3 Nun die Eier unter das Mehl mischen, dabei weiterhin die Gabel benützen.
4 Anschließend den Teig etwa 10 Minuten kräftig mit beiden Händen bearbeiten.
5 Sobald er weich und elastisch ist, die Arbeitsfläche leicht bemehlen und den Teig mit einem Nudelholz ausrollen.

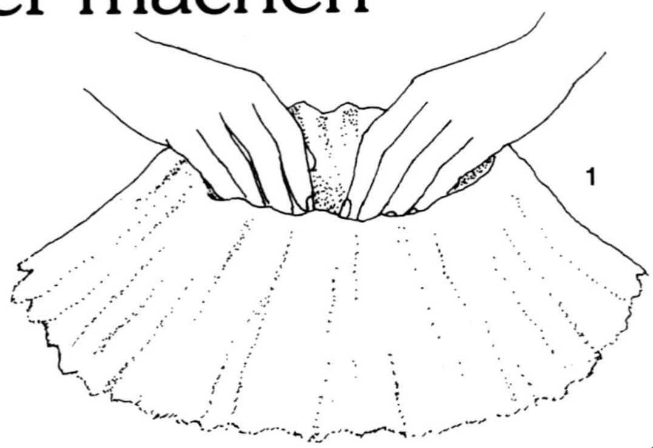
1

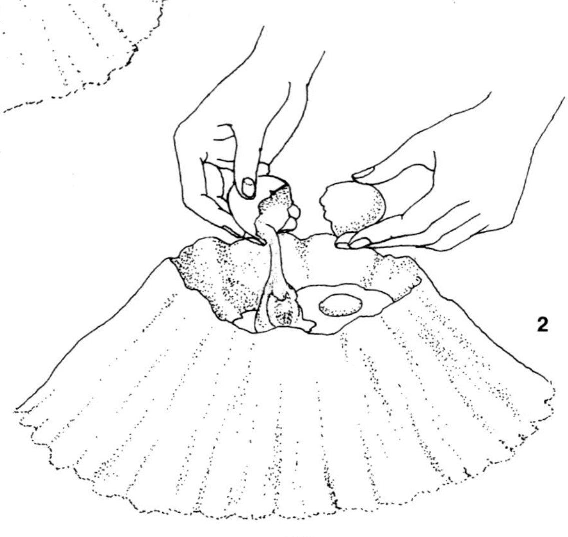
2

3

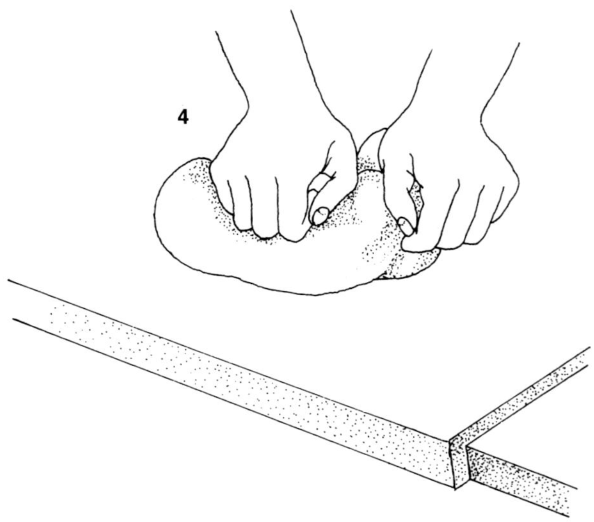
4

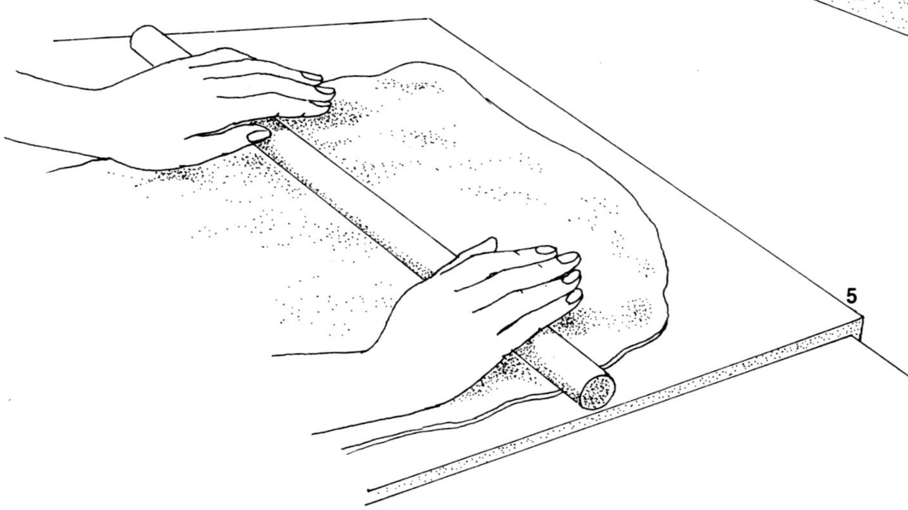
5

Frischer grüner Nudelteig
1, 2 Spinat in Salzwasser weich kochen (100 g Spinat auf 100 g Mehl). Gut abtropfen lassen und im Mixer pürieren.
3 In die Mehlmulde zu den verquirlten Eiern geben, gut durchmischen und kräftig verkneten.

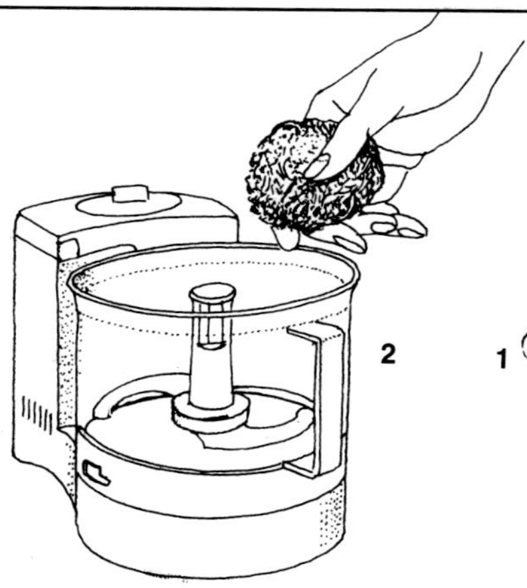

2

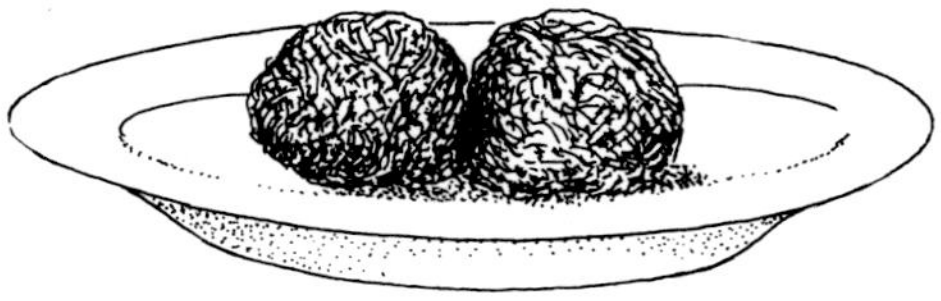

1

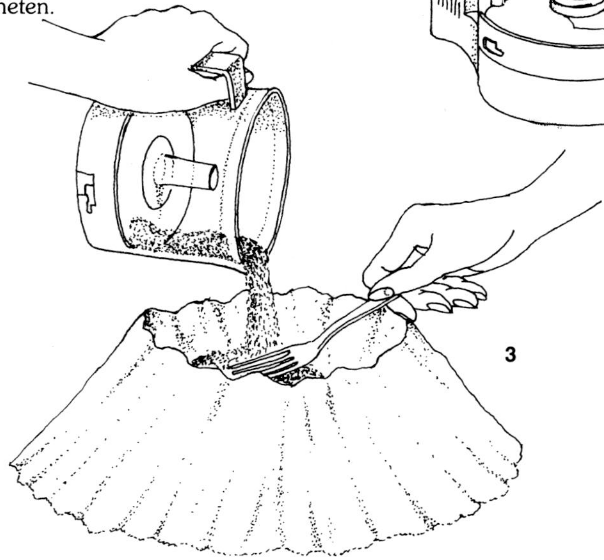

3

Frischer roter Nudelteig
Um dem Teig eine rote Farbe zu geben, können Tomaten oder rote Bete verwendet werden. Die Tomaten (frische oder aus der Dose) so lange kochen, bis die Flüssigkeit verdampft ist und eine dicke Sauce übrigbleibt. Rote Bete eventuell vorgekocht einkaufen, sie müssen dann nur noch püriert werden. In beiden Fällen gilt: 1–2 EL rote Sauce auf 300–400 g Mehl rechnen. Um zu verhindern, daß der Teig zu weich wird, pro EL Sauce 1 Ei weniger verwenden.

Tagliatelle, Fettuccine, Tagliolini und Pappardelle
1 Den dünn ausgerollten Teig in 25–30 cm breite Streifen schneiden.
2 Jeden Teigstreifen 3–4mal einrollen.
3 Mit einem scharfen Messer 3, 6, 8 oder 20 mm breite Nudeln abschneiden, je nachdem, ob Tagliolini, Fettuccine, Tagliatelle oder Pappardelle entstehen sollen.
4 Die Nudeln zum Trocknen locker auf einem Küchentuch ausbreiten, sie dürfen nicht aneinanderkleben.

1

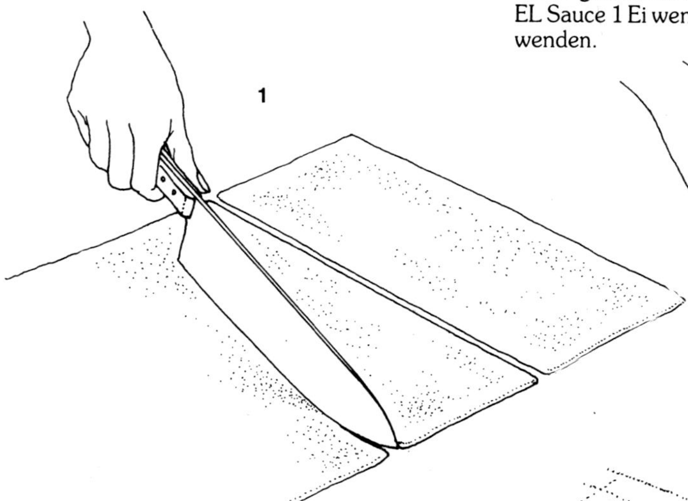

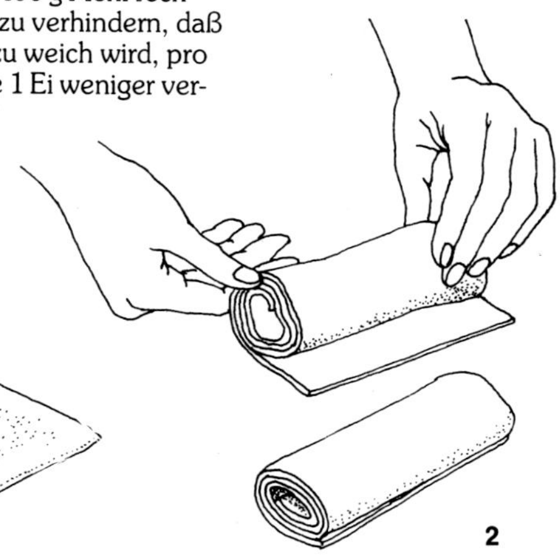

2

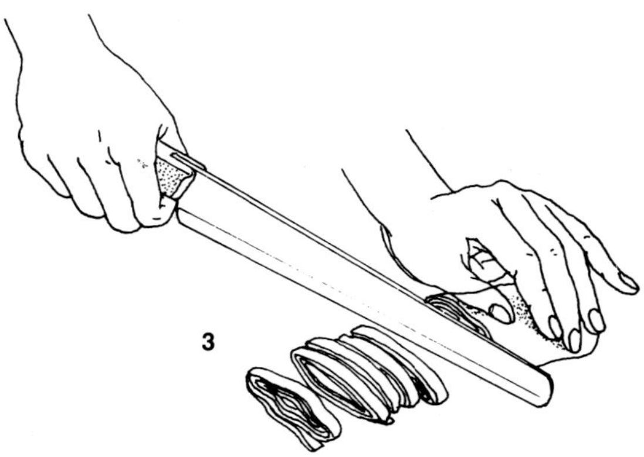

3

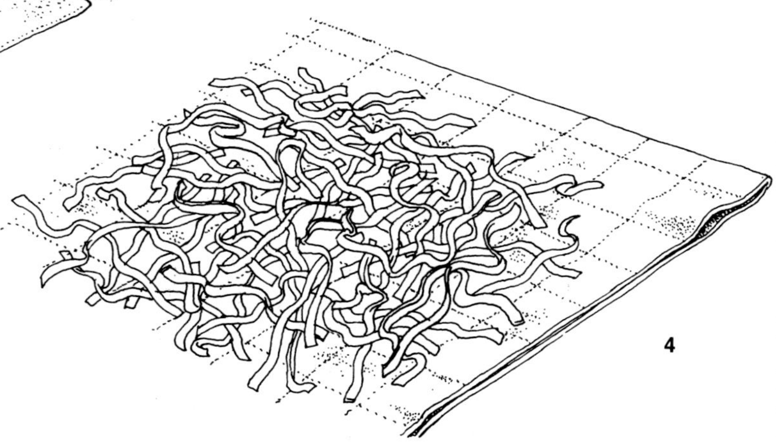

4

Lasagne

1 Die dünn ausgerollte Teigplatte in Quadrate von ca. 12 cm Seitenlänge schneiden.
2 Die Lasagneblätter einzeln in sprudelndes Salzwasser gleiten lassen und wenige Minuten kochen. 1 EL Öl ins Wasser geben, damit sie nicht aneinanderkleben.
3 Herausnehmen, solange sie noch »al dente« sind. Zum Trocknen auf einem Küchentuch ausbreiten.
4 Eine Schicht Lasagneblätter nebeneinander in eine ofenfeste, ausgebutterte Form füllen.
5 Füllung bzw. Sauce darauf verteilen und mit Lasagneblättern abdecken. Diesen Vorgang so oft wiederholen, bis alle Zutaten aufgebraucht sind. Über die letzte Lasagneschicht Butterflöckchen verteilen.

1

2

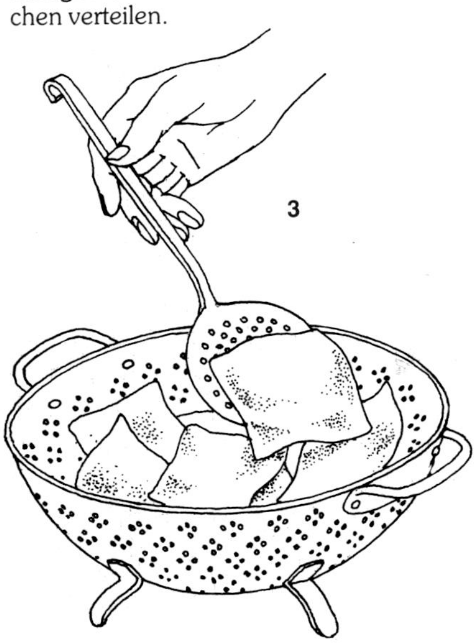
3

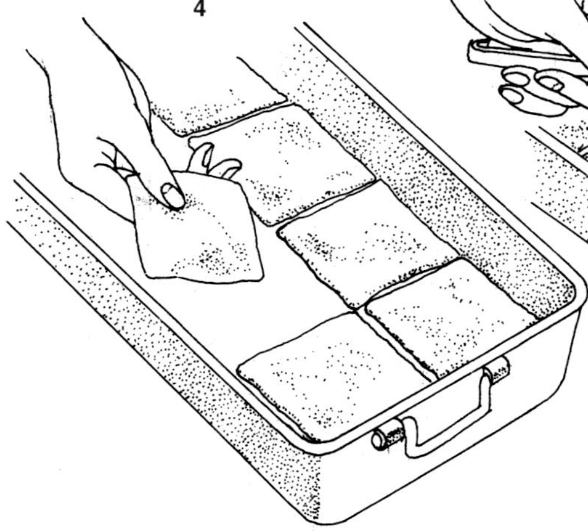
4

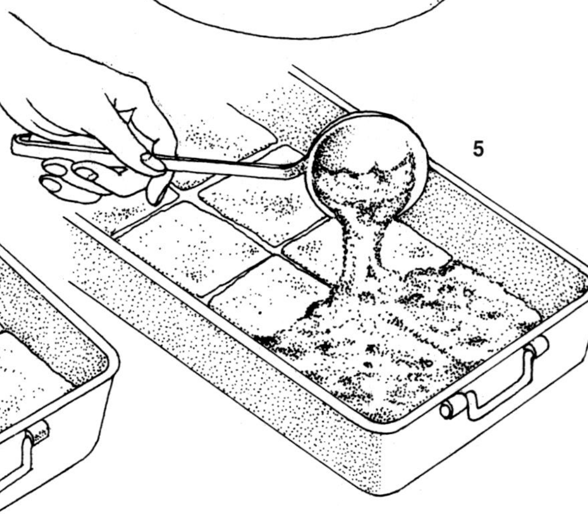
5

Cannelloni

Bis zu Arbeitsphase 3 wie bei Lasagne.
1 Auf jedes Teigblatt in die Mitte etwas Füllung setzen.
2 Zu Cannelloni einrollen und in eine ofenfeste, ausgebutterte Form schichten. Mit Sauce überziehen.

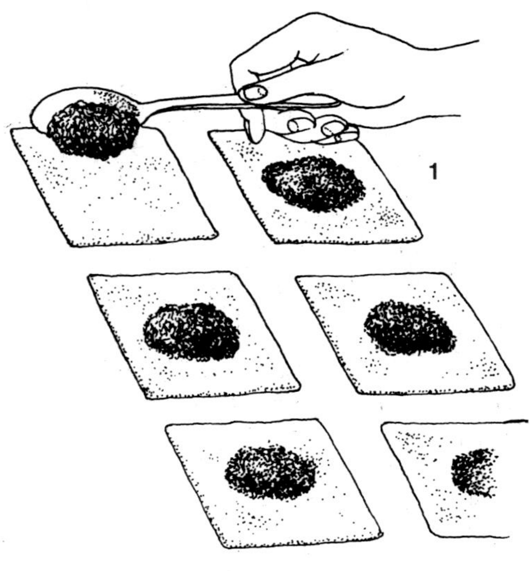
1

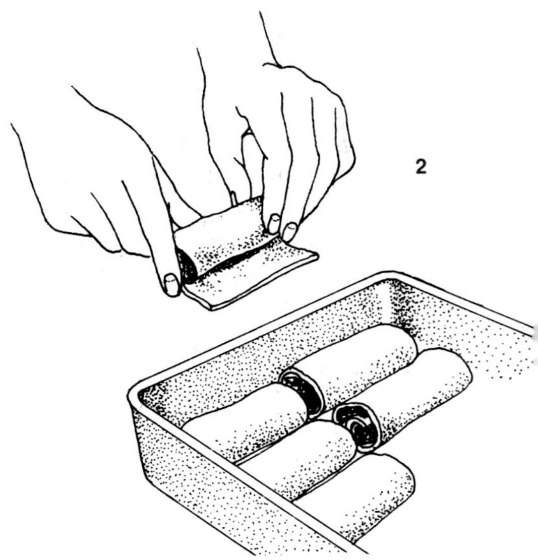
2

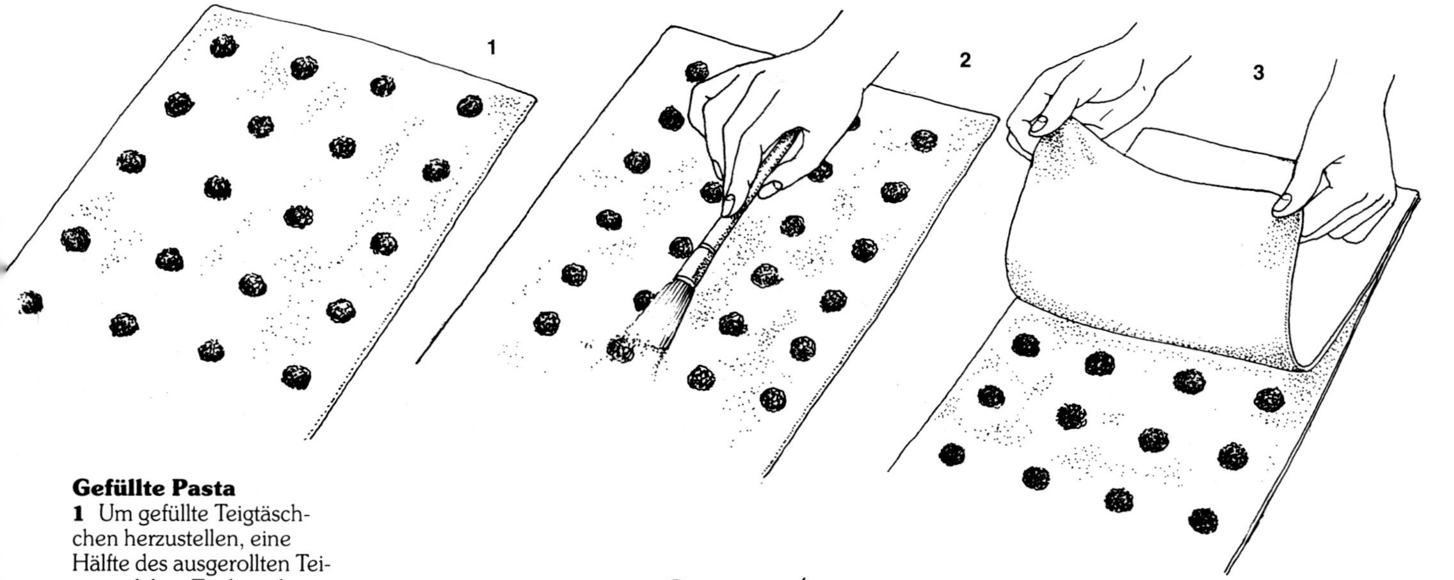

Gefüllte Pasta
1 Um gefüllte Teigtäschchen herzustellen, eine Hälfte des ausgerollten Teiges auf dem Tisch ausbreiten. Darauf in regelmäßigen Abständen von ca. 5 cm kleine Portionen der vorbereiteten Füllung setzen.
2 Die Teigzwischenräume mit Eiweiß bestreichen.
3 Die zweite Teigplatte darüberlegen.
4 Um die Füllungen herum den Teig mit den Fingerkuppen andrücken.
5 Mit dem Teigrädchen die gewünschte Form ausschneiden oder mit speziellen Teigförmchen runde oder viereckige Täschchen ausstechen.

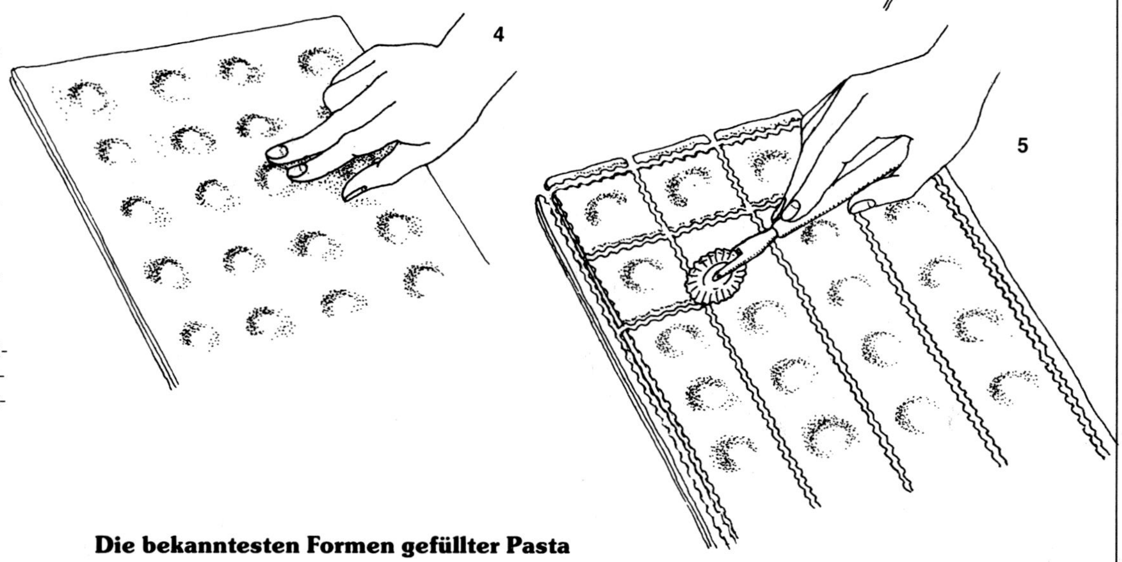

Die bekanntesten Formen gefüllter Pasta

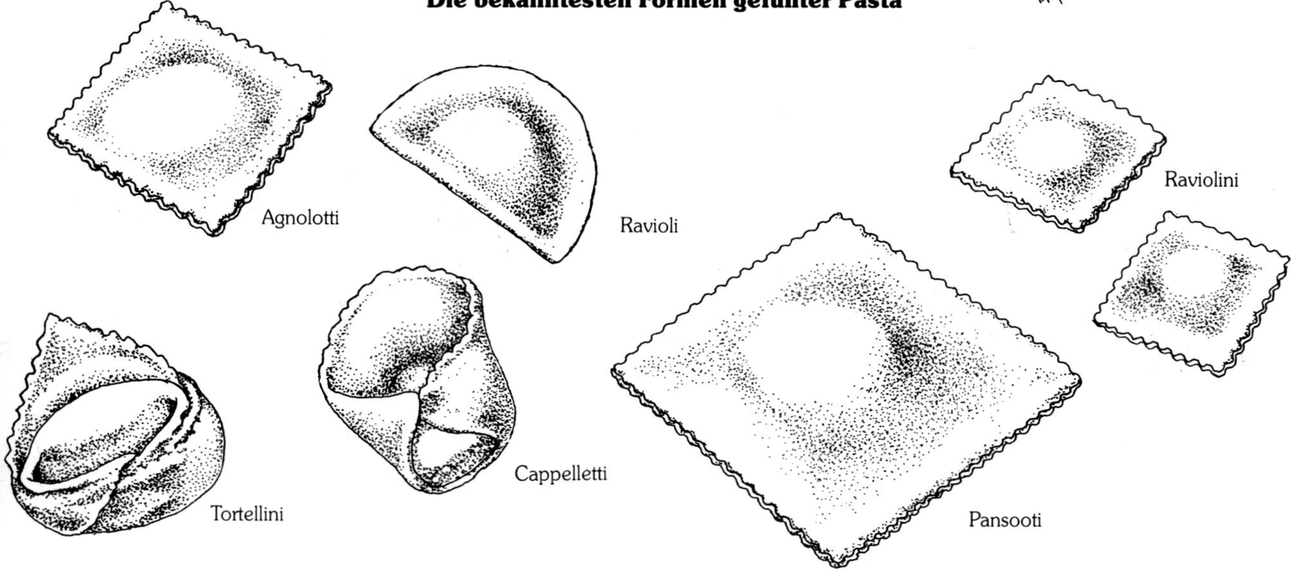

Besondere Pasta

Orecchiette

1 Weizenmehl und Hartweizengrieß zu gleichen Teilen auf eine Arbeitsfläche häufen. Mit den Fingern eine Mulde in die Mitte drücken. Etwas lauwarmes Salzwasser hineingeben und mit den Händen zu einem festen, elastischen Teig verkneten. Anschließend den Teig zu Röllchen von ca. 2 cm Durchmesser formen.
2 3 mm dicke Scheibchen abschneiden.
3 Mit einem Messer mit abgerundeter Spitze die Scheibchen nach innen wölben und mit dem Daumen vollends die charakteristische Form geben (Orecchiette = Öhrchen). Vor dem Kochen mindestens 1 Tag trocknen lassen.

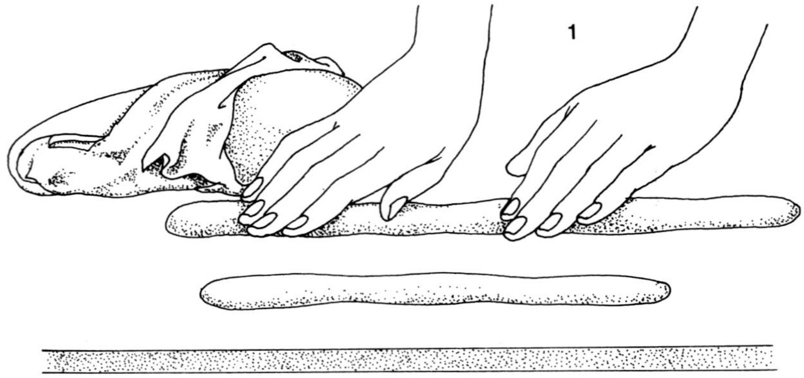
1

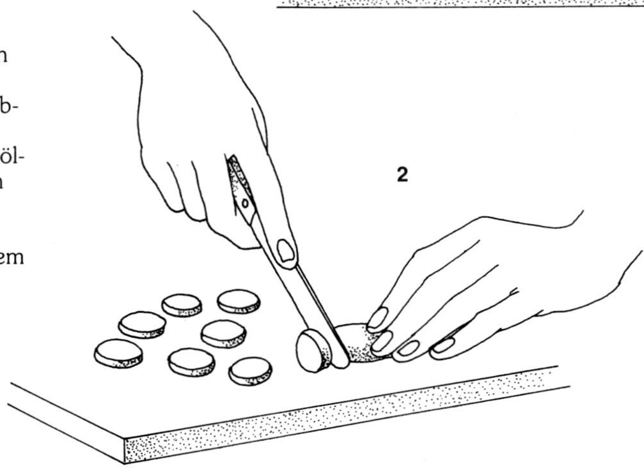
2

3

Bigoli

1, 2 Weizenmehl und Hartweizengrieß zu gleichen Teilen mit den Eiern (1 Ei auf 150 g Mehl), etwas Wasser und 1 Prise Salz verkneten. Den Teig durch eine spezielle Nudelpresse oder den Fleischwolf drücken. Dafür die Messerscheibe mit den 4 mm großen Löchern verwenden.
3 Die Bigoli auf einem Küchentuch trocknen lassen.

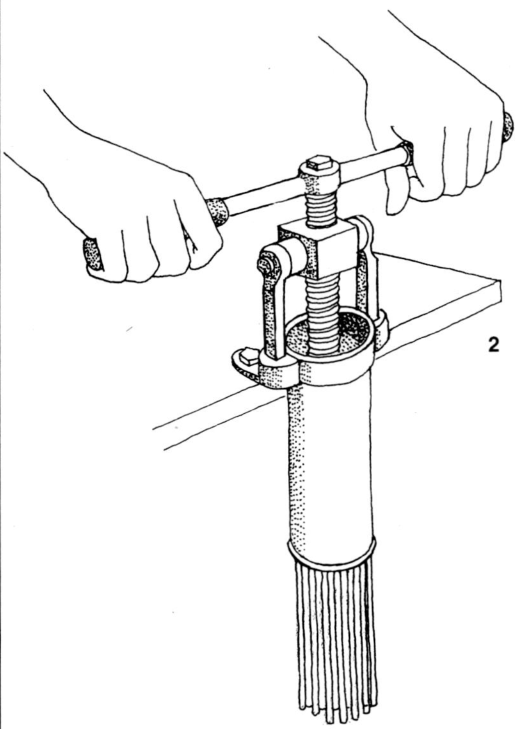
2

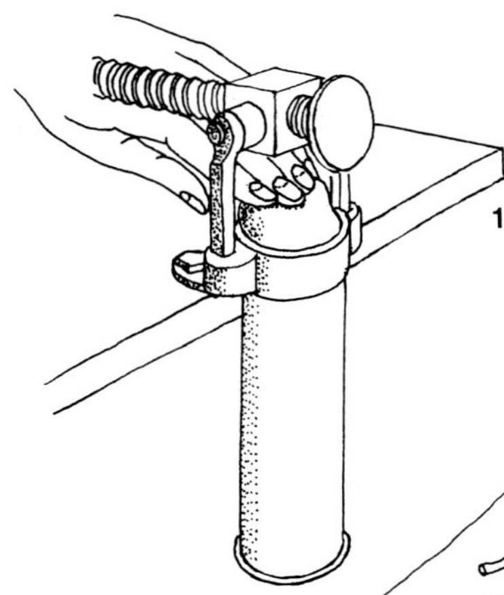
1

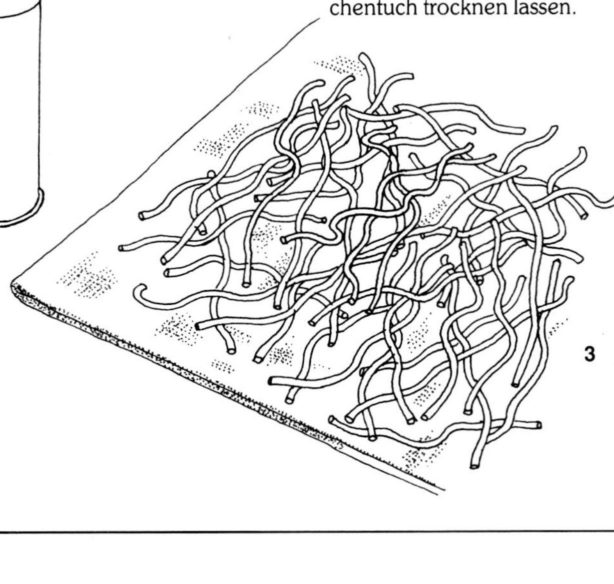
3

Crespelle

1 In einer Schüssel 2 Eier mit 100 g Weizenmehl verrühren. 20 g zerlassene Butter, 1 Prise Salz und langsam 200 ml Milch zufügen. Dabei ständig kräftig rühren, bis eine dickflüssige Masse entsteht.
2 Eine beschichtete Pfanne von ca. 20 cm Durchmesser ausbuttern und erhitzen. Etwas Teig hineingießen (die Crespelle müssen sehr dünn werden) und bei niedriger Hitze backen.
3 Wenn die Masse fest zu werden beginnt, schnell vom Boden der Pfanne lösen, wenden und kurz von der anderen Seite backen.

1

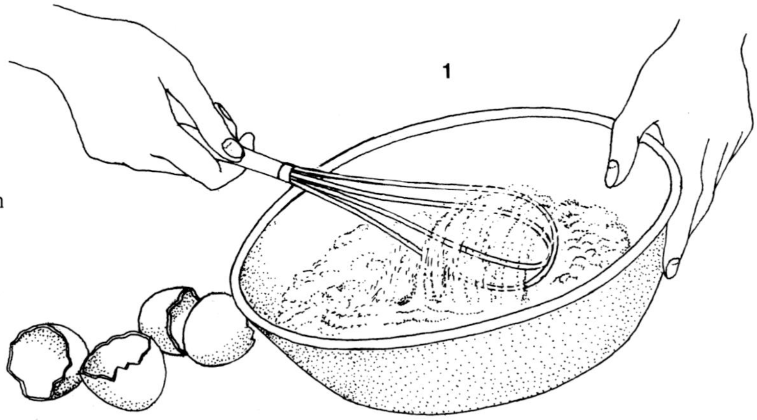

2

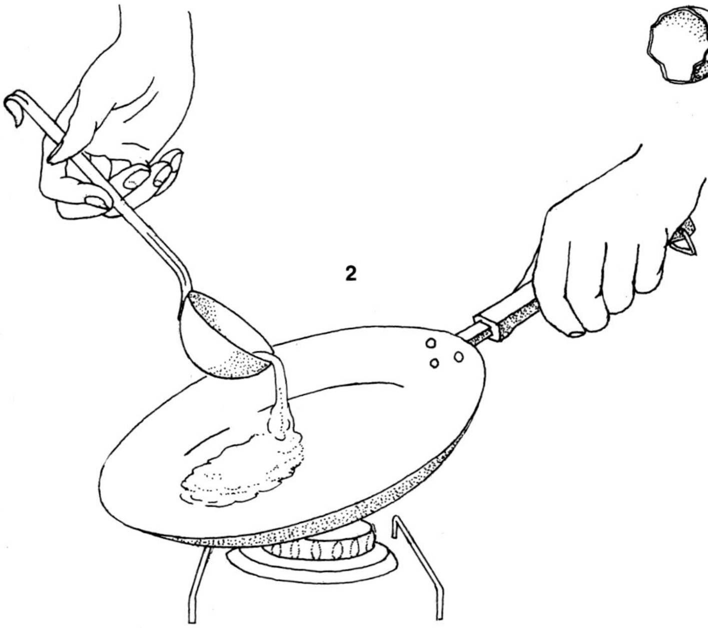

3

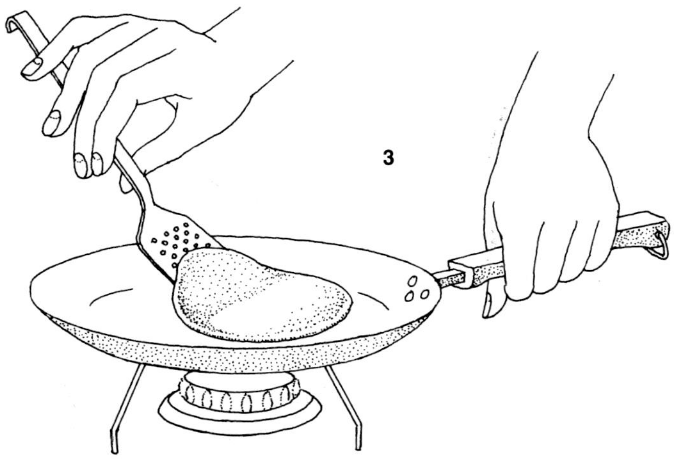

Pizzoccheri

Einen gleichmäßigen Teig aus 3 Teilen Buchweizenmehl und 1 Teil Weizenmehl, 1 Prise Salz und etwas Wasser herstellen. Den Teig nicht zu dünn ausrollen und in 1 cm breite und 6 cm lange Streifen schneiden.

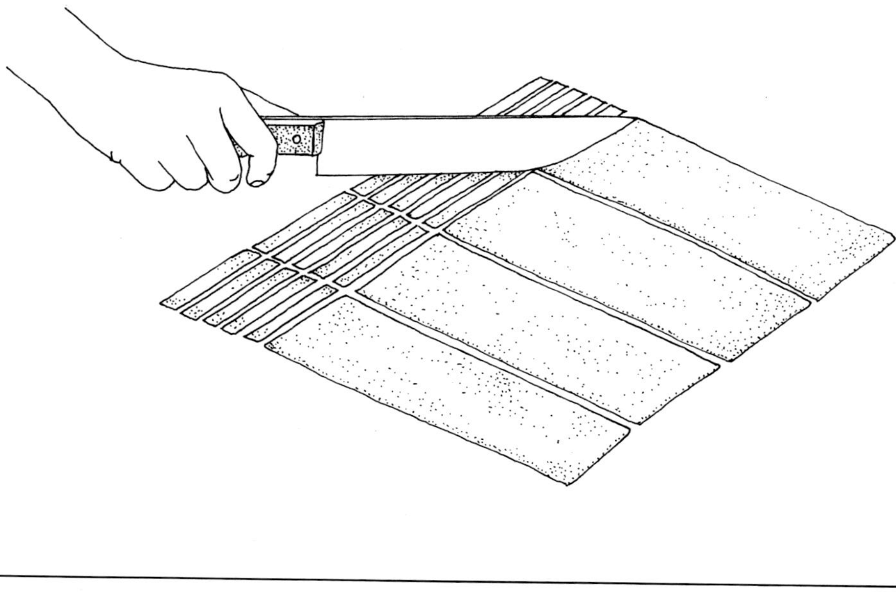

Garganelli

1 2 Teile Weizenmehl und 1 Teil Hartweizengrieß mit Eiern (1 Ei auf 100 g Mehl), 1 Prise Muskatnuß, etwas geriebenem Parmesan und wenig Salz zu einem elastischen, homogenen Teig verkneten. Den Teig ausrollen und kleine Quadrate von 7 cm Seitenlänge ausschneiden.

2 Die Teigblätter diagonal um einen kleinen Stab wikkeln.

3 Dabei den Teig fest andrücken.

4 Um den Garganelli (oder auch Maccheroni rigati) die charakteristischen Rillen zu verleihen, die einzelnen Teigröllchen über den »Kamm« – ein speziell gerilltes Brett – abrollen.

5 Das Stäbchen herausziehen und die Garganelli trocknen lassen.

1

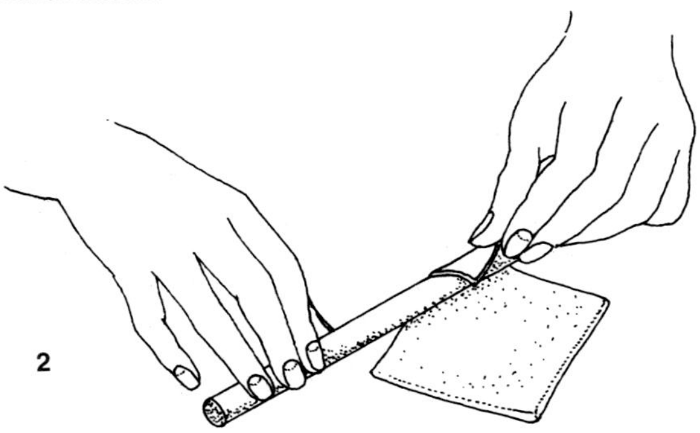

2

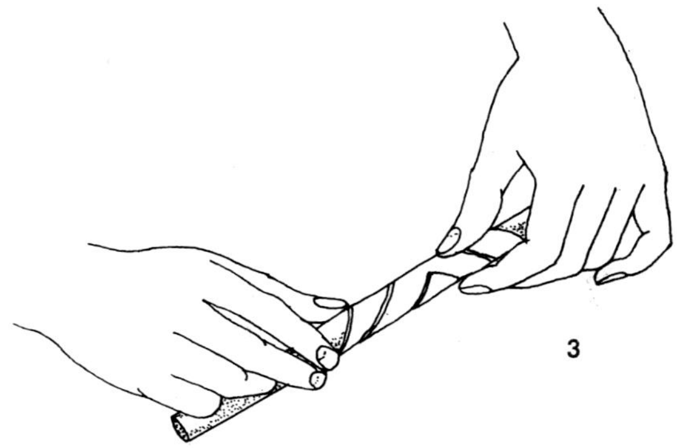

3

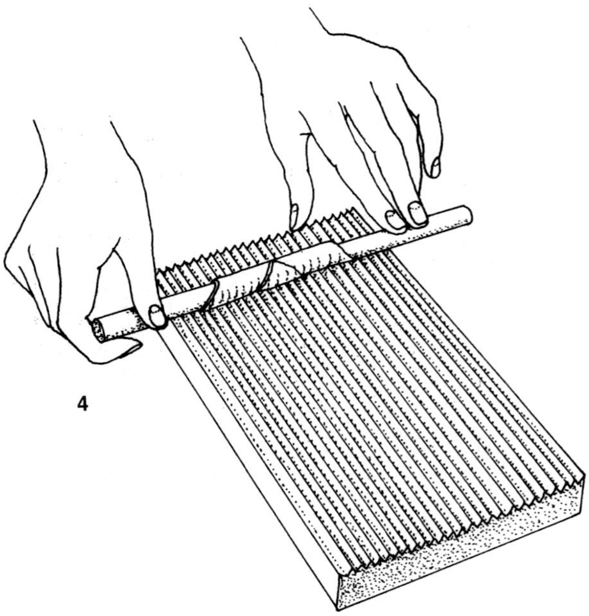

4

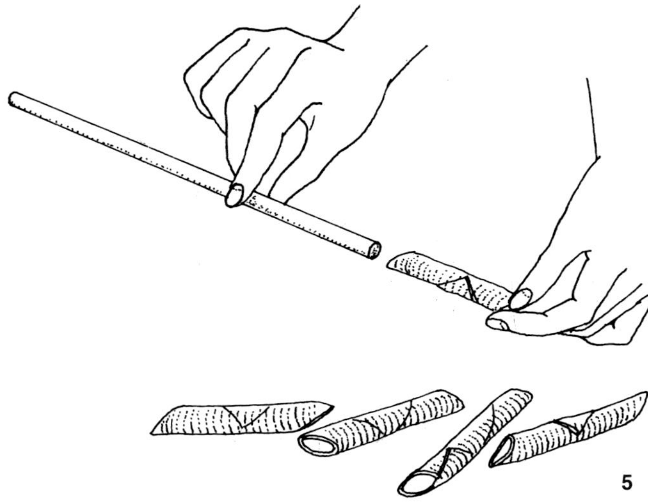

5

Glossar

Al dente Bißfest kochen. Der Zahn (il dente) soll die Pasta noch beißen können. In Italien werden nicht nur Teigwaren und Reis, sondern auch Gemüse »mit Biß« serviert.
Amaretti Mit Bittermandelaroma parfümiertes Mandelgebäck, das ursprünglich aus dem Piemont stammt (Amaretti di Saronno). Heute sind Amaretti auch bei uns als Dauergebäck erhältlich.
Basilikum In der Mittelmeerküche sehr häufig verwendetes, ursprünglich südasiatisches Würzkraut. Basilikum hat einen süßlichen und zugleich pfefferartigen Geschmack, paßt sehr gut zu Tomaten und ist wichtigste Zutat für »Pesto« (Basilikumsauce, Rezept S. 178). Es sollte nach Möglichkeit frisch verwendet werden, ist aber auch getrocknet erhältlich.
Bitto Traditionsreicher italienischer Käse, der ursprünglich aus dem Friaul, heute aus der Lombardei (Valle di Bitto = Bitto im Veltlin) kommt. Er wird aus Kuhmilch gewonnen und findet als Tafelkäse ebenso Verwendung wie als Reibkäse zum Kochen.
Borretsch Würzkraut. Der Geschmack der stark behaarten Blätter ähnelt dem frischer Gurken. In Italien findet es vor allem in der ligurischen Küche Anwendung.
Brauner Fond Kleingehackte Rinderknochen mit einer halben Zwiebel im Backofen bei 200 °C 1 Stunde rösten. Anschließend mit Fleischbrühe ablöschen. Kräuter und Wurzelwerk zufügen und das Ganze bei niedriger Hitze 8 Stunden schmoren lassen. Abseihen, binden und mit Portwein aromatisieren. Dieser Fond wird zum Verfeinern von Sauce verwendet. Als Ersatz kann Fleischextrakt dienen, den es küchenfertig im Handel gibt.
Fischfumet ½ Zwiebel, 20 g Butter, 500 g Fischabfälle von Edelfischen, 1 Kräuterbündel (2 Petersilienstengel, 1 Thymianzweig, ½ Lorbeerblatt, ½ Selleriestange, ½ Lauchstange), 5 zerstoßene Pfefferkörner, 100 ml Weißwein, 1 l Wasser. Die Zwiebelscheiben in der Butter andünsten. Die Fischabfälle und alle anderen Zutaten dazugeben. Einige Minuten unter Rühren schmoren, dann Wasser angießen. Aufwallen lassen, 30 Minuten kochen, dabei gelegentlich abschäumen. Die erkaltete Brühe durch ein Sieb gießen und einige Minuten bei mittlerer Hitze einkochen lassen.
Fontina Gut schmelzender Fettkäse aus Kuhmilch, der vor allem zum Kochen verwendet wird. Der echte Fontina kommt aus dem Aosta-Tal, seine Bezeichnung ist geschützt und seine Herkunft kontrolliert.
Gorgonzola Italiens berühmtester Edelpilzkäse, etwas milder und weicher als der französische Roquefort. Seine charakteristischen grünen Adern erhält er durch das Impfen in einem bestimmten Stadium der Reifung mit Penicillinum glaucum (Schimmelpilz).
Kalbsfond Konzentrierte Kalbfleischbrühe: Kalbfleischabfälle, kleingehackte Kalbsknochen, etwas Wurzelwerk, Salz, Lorbeerblatt und Thymian mit kaltem Wasser ansetzen, langsam kochen lassen. Abschäumen, entfetten, seihen.
Mascarpone Frischer, sehr fetter (60–80%) Rahmkäse, der aus Kuhmilch produziert wird und ursprünglich aus Lodi bei Mailand stammt. Er eignet sich hervorragend als Grundlage köstlicher Pasta-Gerichte, wird aber hauptsächlich für Süßspeisen verwendet oder – mit Gorgonzola in Lagen gemischt – als Tafelkäse.
Mortadella Ursprünglich aus Bologna stammende, sehr dicke frische Wurst aus gewürztem Schweinefleisch (manchmal mit Pistazien).
Mostarda Oft wird unter Mostarda einfach Senf verstanden. Doch steht dieser Name auch für eine italienische Spezialität: in Senfsauce (mild oder pikant) eingelegte – in der Regel gemischte – Früchte. Die berühmteste Mostarda kommt aus Verona und wird nur mit Äpfeln zubereitet.
Mozzarella Frischkäse, der ursprünglich aus Büffelmilch hergestellt wurde. Heute begnügt man sich meistens mit Kuhmilch. Der weiche, aber elastische und feuchte Teig hat einen angenehm milden Geschmack. Dieser berühmte Käse stammt aus Kampanien und ist z. B. als Pizza-Belag oder zum Überbacken von Pasta-Gerichten unentbehrlich geworden, da er leicht schmilzt. Genauso gern wird er frisch verzehrt (z. B. mit frischen Tomaten und Basilikum).
Parmesan Unverzichtbarer, weltberühmter Bestandteil der italienischen Küche. Dieser halbfette Käse wird aus Kuhmilch gewonnen und unterliegt einer sehr langen Reifezeit. Er hat ein körniges, hartes Innere mit winzigen Löchern. Je länger er reift, desto wertvoller wird er. Ausgereifter Parmesan wird hauptsächlich gerieben zu den italienischen Spezialitäten gereicht. Er darf aber auch als Dessert auf keiner Käseplatte fehlen. Die Herstellung wird von einem Konsortium streng überwacht. Echter Parmesan darf nur in den Regionen Reggio, Parma, Modena, Mantova, Bologna hergestellt werden.
Pasta Italienischer Sammelbegriff für Teigwaren in jeder nur denkbaren Form. Es gibt in Italien bereits 600 Sorten, und jeden Tag werden neue erfunden. Man unterscheidet im allgemeinen zwischen *Pasta secca* – getrocknete, industriell gefertigte Teigwaren – und *Pasta fresca* – frische, hausgemachte Teigwaren.
Pecorino Halbfetter, aus Schafsmilch gewonnener Hartkäse. Der berühmteste ist der *Pecorino romano*. Gerieben wird er im Süden Italiens dem Parmesan vorgezogen. *Frischer Pecorino* ist als Tafelkäse sehr beliebt. *Pecorino sardo* ist besonders aromatisch und wird jung ebenfalls gern als Tafelkäse serviert.
Rapssprossen Ein nur in Süditalien erhältliches Gemüse, das dem Brokkoli ähnlich ist und durch diesen ersetzt werden kann.
Ricotta Quarkähnlicher Frischkäse aus Schafs- oder Kuhmilch. Dieser weiche, milde Käse wird gern zu Füllungen von Ravioli, Tortellini usw. verarbeitet. Der *gereifte, trockene Ricotta* wird hauptsächlich gerieben verwendet und kann als Ersatz für Parmesan dienen.
Safran Echter Safran besteht aus den Staubgefäßen des crocus sativus (Safrankrokus). Echte Safranfäden sind schwer zu bekommen (in guten Drogerien oder Delikateßabteilungen). Safran wird sehr sparsam verwendet, er gilt als das teuerste Gewürz der Welt.
Sardellenpaste In Italien häufig verwendetes Produkt, das in Tuben erhältlich ist. Sardellenpaste besteht in der Regel aus pürierten, gesalzenen Sardellen, gelegentlich enthält sie Olivenöl. Als Ersatz können fein zerdrückte oder im Mörser zerstoßene Sardellenfilets verwendet werden.
Sbrinz Kuhmilchkäse mit hartem, stark duftendem Teig, der gekocht und gepreßt wird. Er ist der älteste bekannte Käse der Schweiz. Gerieben eignet er sich hervorragend zum Kochen.

Geräte für die Pastaküche

1 Metallsieb
2 Große Schwenkpfanne
3 Kasserolle
4 Großer Kochtopf
5 Nudelholz
6 Feuerfeste Auflaufform
7 Kleine Schwenkpfanne
8 Spitzsieb
9 Mehlsieb
10 Mörser mit Stößel
11 Schüssel zum Servieren
12 Schneebesen
13 Förmchen zum Ausstechen
14 Messer zum Teigschneiden

15 Trüffelhobel
16 Küchenmesser
17 Schaumlöffel
18 Spaghettilöffel
19 Tranchiermesser
20 Holzgabel
21 Kochlöffel aus Holz
22 Schöpfkelle
23 Reibe mit grober Raspel
24 Holzbrett
25 Wiegemesser
26 Reibe mit feiner Raspel
27 Zahnkranz zum Ausstechen
28 Teigrädchen

Rezeptregister

BLV Kochbücher – für Hobbyköche und Genießer

Hans Karl Adam
Weihnachtliche Bäckerei
110 beliebte Rezepte

Walter Bickel (Autor)
René Kramer (Hrsg.)
Buffets und Empfänge ❑
in der internationalen Küche

Egon M. Binder
Fruchtwein, Most und Säfte selbst gemacht

Barbara Böttner
Die natürliche Küche Italiens
leicht, frisch, vollwertig

Barbara Böttner
Vollwertkost mit Genuß
Vital und gesund durch natürliche Ernährung

Isolde Bräckle/ Brigitte Karch/ Ingeborg Schindler
Fleisch, Wurst und Schinken
verarbeitet und hausgemacht

Michael Brückner
Longdrinks und Cocktails
mit und ohne Alkohol

Ursula Calis
Backen, Braten, Grillen mit Mikrowellen ❑
für alle Kombi-Geräte

Ursula Calis
1x1 der Mikrowelle
Technik und Rezepte

Ursula Calis
Das große Mikrowellen-Kochbuch
Für alle Mikrowellen-Geräte. Garen, Erhitzen, Bräunen, Auftauen

Rotraud Degner
Schnell ein Essen für uns zwei ❑

Das Backbuch für 1 + 2 Personen
228 Rezepte für Kuchen, Torten, Brote, in kleinen Formen

Hans J. Fahrenkamp
Knuspriges Brot aus dem eigenen Ofen

Dieter Fembacher
Das Beste aus bayerischen Küchen
Alte und neue Rezepte – auch aus der Backstube

Dieter Fembacher
Einladung zum Kalten Buffet

Franz und Brigitte Hingerl
Frisch vom Bauern auf den Tisch

Erna Horn
Bayrische Kuchl
Alte bayrische Originalrezepte

Erna Horn/ Hedwig Stumpf
Fisch in der Küche ❑
Süßwasserfische, Seefische, Schal- und Krustentiere

Erna Horn/ Christa Muhle-Witt
Wild in der Küche
mit 385 Rezepten

Beatrix Illing
Mikrowelle
Die neue Art zu kochen. Viele Ratschläge, erprobte Rezepte

Monika Kellermann
Exotische Früchte

Renate Kissel
Vielseitige Reisküche

René Kramer (Hrsg.)
Fleisch ❑
in der internationalen Küche

Lo Mei Hing/ Giulia Marzotto Caotorta/ Sun Tzi Hsi
Chinesisch kochen Schritt für Schritt ■
mit über 800 Farbfotos

Eva Mayer-Bahl
Nockerl, Knödel, Schmarrn und Strudel
Süßes und Deftiges aus der Donaumonarchie

Veronika Müller
Aufläufe und Soufflés

Hanna Perwanger
Südtiroler Leibgerichte

Antonio Piccinardi ❑
Original Italienische Pasta

Savina Roggero
Klassische Gerichte der Internationalen Küche
82 Rezepte Schritt für Schritt mit 657 Farbfotos

Hildegard Rust
Praktische Vorratshaltung zu Hause
Gefrieren, Haltbarmachen, Lagern

Kirsten Skaarup
Es schmeckt auch ohne Fleisch
Kochen nicht nur für Vegetarier

Kirsten Skaarup
Vegetarische Vollwertküche
Reformkost für alle Tage

Shizuo Tsuji/ Koichiro Hata/ Yoshikatsu Saeki ❑
Original Japanische Küche
Gekonnt zubereiten, elegant servieren

Hedwig Maria Stuber
Ich helf dir kochen ❑
Das erfolgreiche Grundkochbuch jetzt in der 31. Auflage

Ausgezeichnet mit der Goldmedaille der Gastronomischen Akademie Deutschlands ■

Ausgezeichnet mit der Silbermedaille der Gastronomischen Akademie Deutschlands ❑

In unserem Verlagsprogramm finden Sie Bücher zu folgenden Sachgebieten:

Garten und Zimmerpflanzen • Natur • Heimtiere • Angeln • Jagd • Reise • Sport und Fitness • Wandern, Bergsteigen, Alpinismus • Pferde und Reiten • Auto und Motorrad • Gesundheit, Wohlbefinden, Medizin • Essen und Trinken

BLV

Wünschen Sie Informationen, so schreiben Sie bitte an:

BLV Verlagsgesellschaft mbH • Postfach 40 03 20 • 8000 München 40
Telefon 089/12705-0 • Telefax 089/12705-543